한국어 4

KOREAN

2nd Edition

서울대학교 언어교육원
Language Education Institute
Seoul National University

[주]문진미디어
MOONJINMEDIA

Published by **MOONJINMEDIA Co., Ltd.**
193, Dogok-ro, Gangnam-gu, Seoul, Korea
Tel : 82-2-2140-2500
Fax : 82-2-2140-2599
www.moonjin.com

First Edition 2000
Second Edition 2005

ISBN 978-89-539-0892-5

한국어 4

저자 / 서울대학교 언어교육원
발행처 / **[주]문진미디어**
서울특별시 강남구 도곡로 193(역삼동)
Tel :(02)2140-2500
Fax:(02)2140-2599
www.moonjin.com
등록 / 1980년 10월 7일 제 1-151호
초판 1쇄 발행 / 2000년 9월 1일
2판 1쇄 발행 / 2005년 12월 21일
17쇄 발행 / 2015년 4월 15일
정가 / 15,000원

개정 증보판 서문

1995년에 이 책의 초판이 출간되고 나서 종래 4단계로 나뉘어 있던 한국어 강좌가 6단계로 바뀌게 되었다. 따라서 3급과 4급 과정에서 사용하던 교재의 전면적인 개편 작업이 불가피하게 되었다. 1996년부터 1997년에 걸쳐 기존 3권과 4권 교재에 대한 개편 작업이 있었고, 새로이 제기된 여러 가지 문제점 때문에 1999년에 본문 및 연습 문제의 부분적인 수정 작업이 있었다.

본문의 경우는 어색한 표현을 자연스러운 문장으로 바꾸거나 새로운 내용을 추가하였다. 연습은 학습된 형태를 바탕으로 하여 언어의 네 가지 기능을 창의적으로 수행해 볼 수 있도록 과제 해결적 접근법을 취해 개발하였다.

책이 완성되기까지 어학연구소 담당 강사 여러분들의 큰 노력이 있었다. 개편 작업에 참여해 준 김청자, 최은규, 김징화, 박지영, 김원경, 상승혜 선생님과 수정 작업에 참여해 준 박지영, 이승미, 조선경, 안경화 선생님의 노고에 깊은 감사를 드린다. 아울러 이 책이 출판되기까지 많은 도움을 주신 문진미디어 이상철 사장님과 편집진 여러분께 감사의 마음을 전한다.

1999년 11월
서울대학교 어학연구소장
문 양 수

Preface to the Revised and Enlarged Edition

The Korean Language Program originally consisted of four levels. Not long after the publication of the Level 4 textbook in 1994, however, the program was extended to include six levels. As a result, between 1996 and 1997, the Level 3 and Level 4 textbooks had to be dramatically revised. In the process of using the texts in the following three years, a range of problems were discovered, and so the main text and exercise section in each lesson were partially revised, and clumsy expressions were modified to make them sound more natural.

Exercise was developed using a task-based approach in order to encourage students to creatively apply the structures previously learned across the four language skills: speaking, listening, reading and writing.

Many of the teachers in the Korean Language Program have made a significant contribution to the completion of this book. In particular, I would like to express my sincere gratitude to Ms. Chung-Ja Kim, Ms. Eun-Gyu Choi, Ms. Chung-Hwa Kim, Ms. Ji-Young Park, Ms. Won-Kyung Kim, Ms. Seung-Hae Kang who were responsible for carrying out the revision process between 1996 and 1997. Also Ms. Ji-Young Park, Ms. Seung-Mi Lee, Ms. Sun-Kyung Cho, Ms. Kyung-Hwa Ahn have participated in revising and rewriting the exercise sections in 1999. I also would like to thank the president, Mr. Sang-Cheol Lee and the editors at Moonjinmedia.

November 1999

Yang-Soo Moon
Director
Language Research Institute
Seoul National University

서문

이 한국어 교과서는 한국어를 배우고자 하는 외국인을 위해 편찬한 것이다. 이 교과서는 특히 서울대학교 어학연구소의 현행 한국어 교육과정에 등록하여 한국어를 배우려는 다양한 지역 · 언어권의 성인 학습자를 위한 것이다.

현재 서울대학교의 외국인을 위한 한국어 교육은 4학기로(각 10주씩으로) 총 800시간의 학습을 받도록 되어 있다. 또 한국어 교육의 목표는 학습자가 전 과정을 마치면 한국에서의 대학 진학이나 취업 등 여러 유형의 사회 생활을 위한 기본적인 한국어 구사 능력을 말하기, 듣기, 쓰기, 읽기의 네 가지 면에서 고르게 습득할 수 있도록 하는 데에 있다.

교육과정은 초급, 중급, 중상급, 고급의 네 단계로 구분되고, 각 단계에서 하루에 4시간씩, 1주일에 5일, 총 10주간에 200시간의 집중적인 훈련을 받도록 운영되고 있다.

이 교과서는 이와 같은 교육 목표를 염두에 두고 그 내용이 짜여진 것인데, 현행 운영 체제에 맞추어 모두 네 권으로 나뉘고, 4권을 제외한 1, 2, 3권의 각 과는 하루에 진행되는 네 시간의 강의에 끝마칠 수 있도록 배려되었다.

이 책은 출신 언어권뿐 아니라 학습 동기에 있어서도 다양한 성격의 한국어 학습자를 위한 범용적인 교과서로 구상되었기 때문에 외국어 교육 이론이나 방법론에 있어서도 절충적인 입장을 취하여 구조주의적 이론에서 의사소통적 접근 이론에 이르기까지 여러 시각의 장점을 모두 수용하고 응용해 보려고 하였다. 이에 따라 새 단어를 단계적으로 가능한 한 통제하여 도입하였고, 한국어의 특징적인 문법 체계나 문장 구조를 기본적이고 간단한 것부터 학습시키는 입장을 택하고, 그러면서도 일상적인 사회 생활의 상황에서 자연스럽고 실제적인 행동으로 한국어 사용 능력을 발휘할 수 있도록 본문의 내용이나 표현을 구성하였다.

이 책은 1992년 3월 학기부터 실제 사용해 보고 담당 강사 선생님들의 의견과 논평을 참고하여 여러 번의 수정을 거쳐 이제야 세상에 내놓게 되었다.

이 책이 완성을 보기까지는 여러 사람의 오랜 기간의 노력이 있었다. 편찬의 총 책임은 어학연구소 교육훈련부장 홍재성 교수(서울대학교 불어불문학과)가 맡았고, 어학연구소에서 강의를 담당하고 있는 문희자, 김인자, 김화원, 김청자 선생님과 박동호, 임준서 선생이 집필에 참여하였다. 박동호 선생이 해외 유학을 떠나게 되어 김원근 선생이 그 뒤를 이어 집필을 도왔다.

홍재성 교수를 비롯한 여러분들의 헌신적인 협력에 대하여 서울대학교 어학연구소를 대표하여 다시 한 번 깊은 감사의 뜻을 표한다.

1995년 8월
서울대학교 어학연구소장
김 명 렬

Preface

This series of textbooks is for people who would like to learn Korean, especially those who are learning Korean at the Language Research Institute (LRI) of Seoul National University. These students have diverse backgrounds geographically and linguistically. Currently, the Korean Language Program at Seoul National University consists of four terms. Each term is 10 weeks long and provides 200 hours of instruction. The goal of the program is to enable the students to read, write, speak, and comprehend Korean proficiently so that they can study or work in a Korean language environment.

The Korean Language Program is divided into four courses: elementary, intermediate, high intermediate, and advanced. Each course meets four hours daily Monday through Friday, from nine in the morning to one in the afternoon. This series of textbooks was written with such a four-level program in mind, and therefore consists of four volumes.

In writing this book, we have considered the diverse backgrounds of the students in terms of their native language and their motivation to learn Korean. We have also tried to take advantage of various theories of foreign language teaching, such as structuralism and the communicative approach. New vocabulary items and constructions peculiar to Korean are introduced according to their degree of difficulty. We have organized the text so that students can communicate in a Korean language environment.

We have revised this text several times since we started writing it in March 1992. A number of people have contributed to the publication of this book. Professor Chai-Song Hong, Associate Director of the Institute for Education and Training, was in charge of the project. In addition, the following people have participated in the writing of the text: Ms. Hee-Ja Moon, Ms. In-Ja Kim, Ms. Hwa-Won Kim, Ms. Chung-Ja Kim, Mr. Dong-Ho Park, Mr. Joon-Seo Lim, and Mr. Won-Geun Kim.

On behalf of the Language Research Institute of Seoul National University, I wish to express my gratitude to all these people, expecially Professor Chai-Song Hong, for the dedication with which they have written this book.

August 1995

Myong-Yol Kim
Director
Language Research Institute
Seoul National University

일러두기

이 책은 어학연구소 한국어 강좌를 위해 엮은 여섯 권의 교과서 중 넷째 권으로, 성인 학습자를 대상으로 전반적인 의사소통 능력을 심화하고 다양한 문화와 사회 현상을 소개하여 한국을 이해시키는 데 목표가 있다.

전체 35과로 이루어져 있으며, 각 과는 《본문》, 《문법과 표현》, 《연습》으로 구성된다. 《본문》은 대부분 대화로 구성되었으나, 도입 부분과 기사문의 경우는 산문체의 글이 삽입되었다.

《문법과 표현》은 중심 학습 대상이 되는 문법 사항을 제시하였다. 문법 용어의 사용을 제한하되, 필요한 경우에는 N(명사), V(동사), A(형용사) 및 S(문장) 등의 기호를 사용하였다.

《연습》은 학습된 문법이나 구문을 익히기 위한 문형 연습과 함께 학습자가 중심이 되어 학습 내용을 활용하고 언어를 생성하며 이해할 수 있는 다양한 연습으로 이루어져 있다.

어휘는 약 1,000단어를 도입하였으며 새 단어는 각 과의 마지막 부분에 뜻풀이와 함께 따로 실었다. 기본적으로 한국어 뜻풀이와 영어 대응 표현을 붙이되, 한국어 풀이가 더 어려운 경우는 설명을 붙이지 않았다. 《문법과 표현》, 《연습》에 나오는 보충 단어는 ★표 뒤에 제시하였다. 학습한 어휘는 뒤에서 다시 반복해서 제시함으로써 습득을 용이하게 하였다.

《찾아보기》는 책에 나오는 모든 어휘와 문형을 제시하고 처음 출현한 과와 쪽수를 표시하였고 보충 단어는 뒤에 ★표를 붙여 구별하였다.

Remarks to the Readers

This is the fourth of six volumes of the Language Research Institute's Korean language textbook written for adult learners to further enhance their overall communicative skills and deepen their knowledge of various aspects of Korean society and culture. It consists of 35 lessons, each of which comprises a main text followed by grammar and vocabulary, and exercise sections.

The main text in each lesson is usually based on practical dialogues, however, at times, other texts such as newspaper articles and narrative prose are also used to introduce students to a variety of styles.

In this volume, approximately 1,000 vocabulary items are introduced. New words are listed at the end of each lesson with an explanation in both Korean and English. If the Korean explanation is too complicated, then only the English meaning is given. This supplementary list is marked with an asterisk. Words are re-used throughout each lesson to reinforce learning.

The grammar and vocabulary section highlights the key grammatical structures and expressions in each lesson. In addition, related structures and expressions are also included. Previously learned structures and expressions are marked with an asterisk. This section avoids grammatical terminology as much as possible, however, abbreviations such as 'N' (noun), 'V' (verb), 'A' (adjective) and 'S' (sentence) are sometimes used to make things clearer.

Exercise section encourages students to apply the language they have learned in a range of activities.

The glossary lists all the words and expressions used throughout the text and indicates the unit and page number where they first appear, and supplementary words are marked with ★.

교재 구성

단원	상황	기능	문법 및 표현	활동	어휘
1과	인류의 미래	· 현재와 미래의 모습 비교하기 · 강한 부정 표현하기	· A/V-(으)ㄹ 리가 없다 · N에 의하면	· 과학 발전의 장점과 단점에 대해 토론하기 · 10년 후의 세상 변화에 대해 이야기하기	· 과학과 미래에 관련된 어휘(미래, 현실 등)
2과	단군 이야기	· 한국의 건국 신화 알아보기	· 명사형 어미 A/V-(으)ㅁ · N 만에	· 각 나라의 건국 신화와 역사적 사건 이야기해 보기	· 옛날이야기에 관련된 어휘(임금, 백성 등)
3과	대중 매체의 필요성	· 대중 매체를 통한 정보 얻기 · 예정된 의도 표현하기 · 정도 표현하기	· V-(으)려던 참이다 · A/V-(으)ㄹ 정도이다	· 신문 기사 성격 이해하기	· 뉴스에 관련된 어휘(경제, 감소 등)
4과	날씨와 생활	· 확률로 표현하기 · 한정 표현하기	· A/V-(으)ㄹ 확률이 높다 · N-(이)라고는 N뿐이다	· 이메일을 읽고 조언하기 · 확률에 대해 이야기해 보기(통일, 진학, 전쟁 등)	· 일기예보에 관련된 어휘(확률, 끼다 등)
5과	음식물 쓰레기 문제	· 환경 문제 이해하기 · 정도 표현하기	· V-고도 남다 · 접미사 N-별(로)	· 쓰레기 분리 방법에 대해 말하기 · 인터뷰(쓰레기 문제)	· 쓰레기에 관련된 어휘(환경, 분리수거 등)
6과	쓰레기 줄이기	· 일회용품과 재활용품 문제 이해하기 · 경고, 주의 표현하기	· N을/를 줄이다 · 조건의 연결 어미 V-다가는	· 환경오염의 원인 알아보기 · 환경 보호 방법 알아보기 · 게임(환경 보호)	· 환경에 관련된 어휘(일회용품, 재활용품 등)

단원	주제 및 상황	기능	문법 및 표현	활동	어휘
7과	선보기	· 젊은 세대의 결혼관 이해하기 · 정보의 전환 표현하기	· A/V-다고 하더니 · V-다 보면 · V-다 보니(까)	· 관용 표현 이해하기 · 이메일을 읽고 자신의 생각을 말해 보기	· 사람을 묘사하는 어휘(인상, 인간성 등)
8과	한국의 첫인상	· 한국에 대한 인상 이야기하기 · 간접적으로 정보 전달하기	· A/V-다/자/냐/라면서 · A/V-(으)/느냐든지 A/V-(으)/느냐든지	· 한국의 첫인상 이야기해 보기(공항, 사람, 거리)	· 감정을 표현하는 어휘(당황하다, 다행이다 등)
9과	한국인의 사고방식	· 관습 차이 비교하기 · 회상해서 표현하기 · 화제 전환하기	· V-는 관습 · A/V-더군(요) · 그랬더니	· 한국에서의 경험 이야기하기 · 한국과 각 나라의 관습 차이 비교하기(결혼, 예절 등)	· 관습과 사고방식에 관련된 어휘(사생활, 관습 등)
10과	임꺽정 이야기	· 의적 이야기 알아보기 · 반복적인 습관 표현하기 · 연속되는 행동 표현하기	· V-곤 하다 · V-(으)ㄴ/는 덕분에 · 계속의 연결 어미 V-아/어다(가)	· 각 나라의 의적 이야기하기 · 토론(목적을 위한 수단의 정당화)	· 조선 시대에 관련된 어휘(세기, 양반 등)
11과	보도문	· 기사문 작성하기 · 공식적인 문체 이해하기	· A/V-(으)ㄴ/는 것으로 나타나다 · N을/를 대상으로 조사하다	· 통계 결과 보고 신문 기사 작성하기(배낭여행) · 내용 이해하고 판단하기 · 인터뷰해서 기사 작성하기	· 뉴스에 관련된 어휘(기자, 조사하다 등)
12과	사고방식	· 사고방식 비교하기 · 강한 추정 표현하기	· A/V-(으)/느냐에 따라 다르다 · A/V-(으)ㄹ 게 뻔하다	· 문제 해결 방식 이야기하기(어려운 일이 생겼을 때)	· 사고방식에 관련된 어휘(긍정적, 부정적 등)

단원	주제 및 상황	기능	문법 및 표현	활동	어휘
13과	남녀평등	· 남녀평등에 대한 통념 이해하기 · 부분 부정하기	· N와/과 달리 · 그렇다고 A/V-(으)ㄴ/는 것은 아니다	· 토론(남녀평등과 차별, 직업 선택의 차이)	· 남녀평등에 관련된 어휘(남녀평등, 남녀 차별 등)
14과	한국어 교육	· 한국어 학습에 대해 이야기하기 · 간접적으로 정보 전달하기	· N에 몰두하다 · V-는 데(에) 중점을 두다	· 인터뷰(외국어 학습의 쉬운 점, 어려운 점)	· 학습에 관련된 어휘(보람, 몰두하다 등)
15과	감기 이야기	· 질병에 관한 표현 이해하기 · 상황을 가정해서 표현하기	· 불과 N 만에 · S-다고[라고] 밝히다 · A/V-다 하더라도	· 각 나라의 감기 예방과 치료법 이야기하기	· 질병에 관련된 어휘(증세, 발생하다 등)
16과	장애인	· 장애인 이해하기 · 문어체 표현 익히기 · 약한 부정 표현하기	· A/V-(으)ㄴ/는 데(에) 반해 · N에 지나지 않다 · 그리 A/V-지 않다	· 자원 봉사 경험 말하기 · 각 나라의 장애인 시설에 대해 이야기하기	· 장애인에 관련된 어휘(장애인, 설치율 등)
17과	설날	· 설날 풍습 알기	· N에 N을/를 입다 · 손꼽아 기다리다	· 각 나라의 명절 풍습 소개하기	· 설날에 관련된 어휘(명절, 세배 등)
18과	정월 놀이	· 정월 풍속 알기	· N(이)(나) N(이)(나) 할 것 없이 · V-기에 좋다	· 각 나라의 전통 의상과 민속놀이 소개하기	· 정월 놀이에 관련된 어휘(윷놀이, 연 등)
19과	난민 문제	· 난민 문제 이해하기 · 불가능한 상황을 강조해서 표현하기	· A/V-기는커녕 · V-(으)ㄹ 수조차 없다 · V-는 한	· 난민 구호 단체 소개하기 · 도움 요청하는 편지 쓰기(장학금 신청, 수술 비용 등)	· 난민에 관련된 어휘(난민, 굶주림 등)

단원	주제 및 상황	기능	문법 및 표현	활동	어휘
20과	한국의 음주 문화	· 음주 문화 이해하기 · 상황의 지속 표현하기	· V-(으)ㄴ 채(로) · 조건의 연결 어미 V-노라면	· 각 나라의 음주 문화 비교하기 · 음주 습관, 술자리 예의에 대해 이야기하기	· 음주에 관련된 어휘(음주, 따르다 등)
21과	좋아하는 사람의 유형	· 사람의 유형 표현하기 · 긴박하게 연결된 상황 표현하기	· V-기가 무섭게 · V-는 바람에	· 인터뷰(좋아하는 사람과 싫어하는 사람의 특성)	· 성격을 묘사하는 어휘(완벽하다, 성실하다 등)
22과	직업과 적성	· 직업과 적성의 관계 이해하기 · 기대에 미치지 못하는 상황 표현하기	· A/V-아/어 봤자 · N(에) 못지않게 · N에 불과하다	· 적성과 조건에 맞는 직업 선택하고 근무 조건 쓰기 · 근무 조건 비교해서 회사 선택하기	· 직업에 관련된 어휘(적성, 근무 등)
23과	인터넷	· 인터넷의 기능 이해하기	· N을/를 V-는 데 이용하다 · N을/를 통해(서)	· 인터넷을 이용해서 할 수 있는 일 알아보기 · 시뮬레이션(컴퓨터만으로 생존하기)	· 인터넷에 관련된 어휘(접속하다, 검색 등)
24과	아리랑	· 아리랑에 대해 알기 · 방임, 포기하는 의사 표현하기	· V-기에 이르다 · 선택의 연결 어미 A/V-든지 A/V-든지 · N에 바탕을 두다	· 아리랑 가사 바꿔 보기 · 각 나라의 민요 소개하기	· 민요에 관련된 어휘(민요, 민중 등)
25과	흥부와 놀부	· 흥부와 놀부 이야기 읽기	· 그러던 어느 날 · 두고 보다	· 토론(흥부형 인간과 놀부형 인간) · 그림 순서 맞추고 이야기하기(흥부와 놀부)	· 옛날이야기에 관련된 어휘(도깨비, 갚다 등)

단원	주제 및 상황	기능	문법 및 표현	활동	어휘
26과	대동여지도	· 역사 인물 알기 (김정호) · 동의 구하기	· N을/를 무릅쓰고 · V-는 데(에) 일생을 바치다 · N이/가 오죽하겠어(요)?	· 존경하는 사람에 대해 이야기하기 (업적, 이유 등) · 각 나라의 지도 그리고 설명하기	· 희생, 바치다 등
27과	언어생활	· 비속어, 유행어에 대해 의견 나누기 · 습관 표현하기	· 보조사 N(이)야말로 · N을/를 비롯하다 · V-아/어 버릇하다	· 인터뷰(기분이 상하는 말과 행동) · 토론(비속어, 유행어의 긍정적인 면과 부정적인 면)	· 언어에 관련된 어휘 (인격, 유행어 등)
28과	예술 활동의 자유	· 예술 활동의 자유에 대해 의견 나누기 · 주장하기	· A/V-(으)/느니 A/V-(으)/느니 (하면서) · N에(도) 일리가 있다	· 찬반 토론(낳은 정 기른 정)	· 토론에 관련된 어휘 (찬성하다, 토론하다 등)
29과	인연	· 한국인의 정서 이해하기 · 예상치 않은 일에 대한 놀라움 표현하기	· A/V-았/었더라면 · A/V-(으)ㄹ 줄이야	· 인연에 대한 경험 이야기하기	· 인연에 관련된 어휘 (인연, 안타깝다 등)
30과	서울 이야기	· 설명문 이해하기 · 문어체 표현 익히기	· V-(으)ㅁ에 따라 · A/V-(으)ㄹ 전망이다	· 각 나라의 대도시 소개하기 · 토론(대도시의 문제점)	· 도시에 관련된 어휘 (밀도, 운행하다 등)
31과	다이어트	· 사회 현상 이해하기 · 대조 표현하기 · 불만족스러운 선택 표현하기	· V-느니 차라리 · A/V-(으)ㄴ/는 반면에	· 토론(다이어트 방법) · 효과적인 다이어트를 위해 조언하기	· 다이어트에 관련된 어휘(날씬하다, 체중 등)

단원	주제 및 상황	기능	문법 및 표현	활동	어휘
32과	노인 문제	· 현대 사회 현상 (노인 문제) 이해하기 · 행동, 상태 강조하기	· V-는 게 고작이다 · 어찌나 A/V-(으)ㄴ/는지	· 노후 생활에 대해 의견 나누기 · 애완동물에 대한 경험 이야기하기	· 노인에 관련된 어휘 (노후, 양로원 등)
33과	시와 노래	· 한국의 시 감상하기	· 시에 관련된 표현	· 시적인 표현 이해하기 · 노래 배우기	· 시어
34과	세대 차	· 다른 의견에 대해 반박하기 · 경험 전달하기	· A-(으)ㄴ 감이 있다 · N만 해도 · A/V-더라고(요)	· 토론(세대 차)	· 세대, 현모양처 등
35과	여행	· 주장하는 글 읽기 · 강한 긍정 표현하기	· 여간 A/V-지 않다 · A/V-기는(요)	· 여행 계획 세우기 · 가 볼 만한 여행지 소개하기	· 여행에 관련된 어휘 (휴양, 민박 등)

차 례

Contents

1과 인류의 미래에 대해 생각해 본 적이 있어요?

CD 1 TRACK 02

지연 : 민수 씨, 인류의 미래에 대해 생각해 본 적이 있어요?

민수 : 갑자기 왜 그런 질문을 해요?

지연 : 어떤 학자가 인류의 '미래 시간표'라는 것을 발표했대요. 민수 씨는 사람들이 제일 무서워하는 게 뭐 같아요?

민수 : 글쎄요. 죽음이나 질병 같은 것 아닐까요?

지연 : 맞아요. 그런데 2020년엔 암이 정복되고 인간의 평균 수명이 백 살이 넘을 거래요.

민수 : 그래요? 그 정도로 과학이 발전한다면 우주여행도 갈 수 있겠네요.

지연 : 그럼요. 돈만 있다면 우주여행도 못 갈 리가 없지요. 그 학자의 시간표에 의하면 달나라 여행은 2015년에, 화성 여행은 2030년에 가능할지도 모른대요.

민수 : 2030년이면 내가 몇 살이지? 예순 살 가까이 되네. 그때 우주여행을 하려면 지금부터 열심히 건강을 챙겨야겠네요.

지연 : 그건 쓸데없는 걱정이에요. 2030년엔 예순 살도 아직 젊은이일 텐데요, 뭐.

단어

인류	암	과학	챙기다	★ 최근	공통적	실용화
미래	정복하다	우주	쓸데없다	논문	뒤	잔디
학자	인간	에 의하면		생물	현실	
죽음	평균	화성		유지하다	기술	
질병	수명	가능하다		각각	로봇	

Expressions

문법과 표현

① A/V-(으)ㄹ 리가 없다

그 친구가 이렇게 늦을 리가 없는데 이상하네.
열심히 노력하면 안 될 리가 없다.
친구들이 나만 두고 떠났을 리가 없어요.

② N에 의하면

뉴스에 의하면 오늘 밤에 태풍이 온대요.
그 친구의 말에 의하면 태권도 배우는 게 어렵지 않대요.
최근 논문에 의하면 화성에 생물이 살고 있다고 한다.

③ A/V-(으)ㄹ지도 모르다

이 옷이 내 동생에게는 좀 작을지도 모르겠어요.
오후에 비가 올지도 모르는데 우산을 가져가는 게 어때요?
마이클 씨가 벌써 고향에 돌아갔을지도 몰라요.

④ N을/를 챙기다

학교 갈 시간이 다 되었는데 책가방 다 챙겼니?
밖에 나가면 동생 좀 잘 챙겨라.
아침밥을 꼭 챙겨 드세요. 그래야 건강이 유지돼요.

⑤ 쓸데없다

내가 쓸데없는 얘기를 해서 어머니가 걱정하시는 것 같아요.
쓸데없는 걱정 하지 마세요. 다 잘될 거예요.
너는 내일 모레 시험인데 왜 그렇게 쓸데없이 돌아다니니? 공부하지 않고.

연습

Exercise

① 본문을 잘 읽고 대답하세요.

1) 지연이와 민수는 무엇에 대해 이야기합니까?
2) 민수는 사람들이 제일 무서워하는 게 뭐라고 생각합니까?
3) 2020년에 어떤 일이 일어난다고 했습니까?
4) 미래 시간표에 의하면 달나라, 화성 여행은 각각 몇 년에 할 수 있다고 했습니까?
5) 지연이는 왜 민수의 걱정이 쓸데없다고 했습니까?

② 다음 ______에 공통적으로 들어갈 단어를 골라 알맞게 써넣으세요.

예쁘다	예뻐하다	슬프다	슬퍼하다	아프다	아파하다
덥다	더워하다	기쁘다	기뻐하다	재미있다	재미있어하다

1) ① · 이 옷이 ______데 돈이 모자라서 못 사겠다.
   · 언니는 아이들을 ______데 나는 아이들이 ______지 않다.
   ② · 지난번에 봤던 영화는 참 ______어요.
   · 내가 웃기는 이야기를 했는데도 사람들이 별로 ______지 않아요.
   ③ · 아이들은 산타클로스 할아버지의 선물을 받고 모두들 ______습니다.
   · 나는 유학 시험에 합격해서 참 ______데 어머니는 나를 외국으로 보내야 하는 것 때문에 별로 ______지 않으셨다.
   ④ · 계단에서 넘어졌을 때 ______지는 않았지만 너무 창피해서 울었어요.
   · 우리 아버지는 북한에 계신 할머니, 할아버지를 생각하며 늘 가슴 ______니다.
   ⑤ · 날씨가 ______(으)니까 아무것도 하기 싫어지는데요.
   · 학생들이 너무 ______서 선생님이 창문을 조금 여셨어요.
   ⑥ · 너무 ______지 마. 이미 떠난 사람은 어쩔 수 없잖아.
   · 내가 사랑하던 고양이가 죽어서 너무 ______지만 더 이상 ______지 않겠어요. 나쁜 일은 빨리 잊을수록 좋으니까.

2) 위와 같은 단어들에는 또 어떤 것이 있는지 찾아봅시다.

③ 보기와 같이 연습해 봅시다.

소문, 그 친구가 곧 결혼하다
가 : 소문에 의하면 그 친구가 곧 결혼할지도 모른대요.
나 : 그럴 리가 없어요. 한 달 전에 여자 친구와 헤어졌잖아요.

1) 친구들 말, 이번 학기에는 시험을 안 보다
가 : ....
나 : ....

2) 한국 친구 말, 학생 식당이 없어지다
가 : ....
나 : ....

3) 소문, 하숙비가 또 오르다
가 : ....
나 : ....

4) 학자들 연구, ...
가 : ....
나 : ....

5) 학생들 말, ...
가 : ....
나 : ....

6) ...., ...
가 : ....
나 : ....

④ 다음 일을 하려면 무슨 물건을 챙겨야 하는지 써 보고 친구와 서로 말해 봅시다.

1) 등산을 갈 때 : ....
2) 수영하러 갈 때 : ....
3) 외국 여행 갈 때 : ....
4) 학교에 올 때 : ....
5) .... : ....

CD 1 TRACK 03

⑤ 형과 동생의 대화입니다. 잘 듣고 질문에 대답하세요.

1) 이 대화의 끝에서 어머니는 뭐라고 하셨을까요?
   ① 그런 세상이 올 리가 없지.
   ② 얼른 방 청소나 좀 해라.
   ③ 동생 좀 챙겨 줘라.

2) 형과 동생의 이야기와 다른 것을 고치세요.

앞으로 50년쯤 뒤엔 영화에서 보던 것이 다 현실이 될지도 모른다. 컴퓨터 기술이 발전해서 집에서 모든 일을 다 할 수 있게 될 것이다. 로봇도 실용화돼서 청소를 하거나 잔디를 깎아 주는 로봇도 나오겠지만 사람들이 많이 쓰지는 않을 것이다.

⑥ 다음에 대해서 이야기해 봅시다.

1) 앞으로 10년 후에 어떻게 변하게 될지, 무슨 일이 일어날지 말해 봅시다.

	지금의 모습	10년 후의 모습
전화		
컴퓨터		
자동차		
에너지		

2) 과학의 발전으로 인류의 생활은 너욱 편리해질 것입니다. 그러나 또 다른 문제들이 생길 수도 있습니다. 과학의 발전이 인류에게 주는 좋은 점과 나쁜 점에 대해 이야기해 봅시다.

새 단어

Vocabulary

인류(人類)	세계의 모든 사람 mankind
미래(未來)	앞으로 올 날 future
학자(學者)	학문을 연구하는 사람 a scholar
죽음	죽는 것, 죽은 상태 a death
질병(疾病)	몸의 여러 가지 병 a disease
암(癌)	병의 한 종류 cancer
정복(征服)하다	어려운 일을 이겨 내어 자신의 뜻을 이루다 to conquer
인간(人間)	사람 human
평균(平均)	어떤 수나 양의 중간을 찾은 것 average
수명(壽命)	생물의 목숨, 살아 있는 연한 the length of life, life span
과학(科學)	자연과 인간 사회의 진리나 법칙을 알아내기 위한 학문 science
우주(宇宙)	세계를 둘러싸고 있는 공간 the universe
에 의(依)하면	according to
화성(火星)	Mars
가능(可能)하다	할 수 있거나 될 수 있다 to be possible
챙기다	어떤 일에 필요한 물건을 찾아 한데 모으다, 신경 쓰다 to put (things) in order, to take care of
쓸데없다	아무 가치나 뜻이 없다 to be of no use, to be useless
최근(最近)	요즘 recently, lately
논문(論文)	어떤 주제에 대해 연구한 결과를 적은 글 a thesis
생물(生物)	생명을 가진 것 a living thing, an animate thing
유지(維持)하다	어떤 상태가 그대로 이어지다 to maintain, to keep up
각각(各各)	하나씩 respectively
공통적(共通的)	여럿 사이에 통하거나 관계하는 to be common
뒤	후 after
현실(現實)	지금 실제로 있는 사실 reality
기술(技術)	물건을 만들거나 다루는 재주 technique
로봇	인간과 비슷하게 만들어져 인간이 시키는 것을 하는 기계 a robot
실용화(實用化)	실제로 사용할 수 있게 됨 putting to practical use
잔디	lawn

2과 단군이 조선을 세웠어요

CD 1 TRACK 04

옛날 하늘나라에 환인이라는 하늘의 임금이 있었다. 환인에게는 환웅이라고 하는 아들이 있었다. 그런데 환웅은 하늘나라에서 살기보다는 땅으로 내려가 살고 싶어했다. 환인은 아들의 뜻을 알고 아들에게 땅을 다스리도록 허락했다. 그리고 땅을 잘 다스릴 수 있도록 비, 구름, 바람과 부하 3,000명을 데리고 가게 했다.

땅으로 내려온 환웅은 백두산에 마을을 만들고 백성을 모아 다스리기 시작했다. 이때 환웅이 사는 곳에서 멀지 않은 곳에 호랑이 한 마리와 곰 한 마리가 살고 있었다. 그들은 사람이 되는 것이 소원이었다. 그래서 환웅을 찾아가 사람이 되게 해 달라고 간절히 부탁했다. 환웅은 쑥과 마늘을 주면서 다음과 같이 말했다.

"너희들이 굴 속에서 이것만 먹고 백 일 동안 햇빛을 보지 않으면 사람이 될 수 있을 것이다."

곰과 호랑이는 쑥과 마늘을 가지고 캄캄한 굴 속으로 들어갔다. 호랑이는 배고픔을 참지 못하고 며칠 만에 굴에서 뛰쳐나왔으나 곰은 백 일 동안 참아 아름다운 여자가 되었다.

사람이 된 곰은 결혼을 하고 싶어했다. 그래서 환웅이 잠시 사람으로 변해 그 여자와 결혼을 했다. 이렇게 해서 태어난 아이가 바로 한국을 처음 세운 '단군'이다. 단군은 더 살기 좋은 곳을 찾아 백두산 아래로 내려와서 그곳에 나라를 세우고 '조선'이라고 불렀다.

단어

단군	다스리다	호랑이	굴	뛰쳐나오다	★ 마중	인물
조선	허락하다	곰	햇빛	태어나다	슬픔	
세우다	부하	소원	캄캄하다		웃음	
임금	백성	간절히	배고픔		없어지다	
내려가다	모으다	쑥	만에		신화	

Expressions

문법과 표현

① N에게 V-도록 허락하다

어머니께서 나에게 그 사람과 결혼하도록 허락하셨어요.
아버지께서 여행 가도록 허락해 주셨어요.
선생님께서 학생들에게 일찍 가도록 허락하셨어요?

② V-아/어 달라고 부탁하다

나는 친구에게 책을 사 달라고 부탁할 거예요.
언니가 나에게 조카를 봐 달라고 부탁했어요.
친구가 나에게 기차역으로 마중 나와 달라고 부탁했어요.

N을/를 부탁하다

아주머니께 요리를 부탁할 거예요.
여행사 다니는 친구에게 비행기 표 예약을 부탁했어요.
바쁠 때는 동생에게 청소를 부탁해요.

③ A/V-(으)ㅁ

동생을 잃어버린 슬픔 때문에 오랫동안 밤마다 잠을 잘 수 없었다.
어디에선가 그녀의 웃음소리가 들리는 것 같다.
지나가던 사람들이 모두 걸음을 멈추고 그를 바라보았다.

④ N 만에

한국에 온 지 이틀 만에 취직했어요.
없어진 양복을 한 달 만에 다시 찾았어요.
헤어진 지 40년 만에 가족을 만났다.

⑤ A/V-(으)나

값은 좀 비싸나 좋은 물건입니다.
술을 많이는 못 마시나 조금은 마실 줄 압니다.
친구를 한 시간 동안 기다렸으나 오지 않았다.

연습

Exercise

① 본문을 잘 읽고 대답하세요.

1) 환인은 환웅에게 무엇을 허락했습니까?
2) 환웅은 무엇을 가지고 땅으로 내려갔습니까?
3) 호랑이와 곰은 환웅에게 무엇을 부탁했습니까?
4) 곰은 어떻게 해서 사람이 되었습니까?
5) 호랑이는 왜 사람이 되지 못했습니까?
6) 단군은 누구이며 어떻게 태어났습니까?

② 다음의 단어를 써서 질문에 대답하세요.

모으다	부탁하다	세우다	참다	허락하다

1) 가 : 이 학교가 한국에서 제일 오래된 곳이라지요?
   나 : 네, ...
2) 가 : 준석 씨는 취미가 뭐예요?
   나 : ....
3) 가 : 밖이 너무 시끄럽지 않아요?
   나 : ....
4) 가 : 월급 받으려면 아직 일주일이나 남았는데 어떻게 하지요?
   나 : ....
5) 가 : 이번 방학에 우리하고 같이 여행 가지 않을래요?
   나 : ....

③ (　　)의 말을 사용해 대답하세요.

1) 가 : ______ 씨가 여행 가는 것을 부모님이 허락하셨어요? (V-도록 허락하다)
   나 : ______________________________.

2) 가 : 친구에게 숙제를 부탁한 적이 있어요? (V-아/어 달라고 부탁하다)
   나 : ______________________________.

3) 가 : ______ 씨는 소원이 무엇입니까? (N이/가 소원이다)
   나 : ______________________________.

4) 가 : 미영 씨가 지난 토요일에 결혼했다지요? (N 만에)
   나 : ______________________________.

5) 가 : 겨울에 산을 오르면서 무엇이 제일 힘들었어요? (N을/를 참다)
   나 : ______________________________.

④ 다음 그림을 보면서 단군 신화를 이야기로 만들어 봅시다.

CD 1 TRACK 05

⑤ 신화에 대한 이야기입니다. 잘 듣고 맞으면 O, 틀리면 X 하세요.

1) 신화는 인간 생활과는 관계가 없고 사람들이 만들어 낸 신들의 이야기일 뿐이다. (　　)
2) 단군 신화를 보고 그때 사람들이 굴 속에서 살았다는 것을 알 수 있다. (　　)
3) 한국의 신화는 대부분 나라를 세운 것과 관계가 많다. (　　)

⑥ 여러분 나라에 대해서 친구들에게 소개해 주세요.

1) 나라를 세운 것에 관한 이야기
2) 역사적인 사건 중 한 가지

	나라를 세운 이야기	역사적인 사건
나오는 인물		
때		
장소		
사건		

새 단어

Vocabulary

단군(檀君)	한국 최초의 국가인 고조선을 세운 임금
조선(朝鮮)	아주 오랜 옛날부터 써 오는 한국의 국명
세우다	나라나 기관 같은 것을 처음으로 만들다 to found
임금	왕 a king
내려가다	위쪽에서 아래쪽으로 가다 to go down, to move down
다스리다	나라·사회·집안 등의 일을 보살피다 to rule over
허락(許諾)하다	부탁하는 것을 들어 주다 to permit
부하(部下)	남의 아래에서 그의 명령에 따라 움직이는 사람 a subordinate, a follower
백성(百姓)	'국민'의 옛말 people
모으다	한 곳으로 오게 하다 to make (things, people) come together
호랑이	a tiger
곰	a bear
소원(所願)	원하는 것 one's wish
간절(懇切)히	몹시, 진정으로 바라는 마음으로 earnestly
쑥	풀의 한 종류 mugwort
굴(窟)	땅이나 바위 속으로 길게 난 구멍 a cave
햇빛	해에서 나오는 빛 sunlight
캄캄하다	아무것도 보이지 않게 몹시 어둡다 to be pitch-dark
배고픔	배가 고픈 상태 hunger
만에	after (a period)
뛰쳐나오다	세게 뛰어나오다
태어나다	이 세상에 나오다 to be born
마중	오는 사람을 나가서 맞이함 meeting
슬픔	괴롭고 답답하여 울고 싶은 마음 sorrow
웃음	웃는 일, 웃는 모양이나 소리 a laugh
없어지다	있던 것이 없게 되다 to be lost, to be gone
신화(神話)	신에 대한 이야기 a myth
인물(人物)	사람 a person

3과 우물 안의 개구리가 될 거예요

CD 1 TRACK 06

다나카 : 마이클 씨, 텔레비전 좀 켜 봐요. 뉴스 시작할 시간인데…….

마이클 : 저도 뉴스를 보려던 참이었어요.

다나카 : 그런데 텔레비전 뉴스는 말이 너무 빨라서 알아듣기 어렵지요?

마이클 : 그렇다고 그것마저 안 들으면 우물 안의 개구리가 될 거예요.

다나카 : 지금 저 아나운서가 뭐라고 그래요?

마이클 : 내년에도 세계 정치와 경제가 불안할 거래요.

다나카 : 지금 이 순간에도 각국에는 끊임없이 전쟁과 사건이 일어나고 있겠지요?

마이클 : 그럴 거예요. 요새는 끔찍한 사건이 하도 많이 일어나서 뉴스 보기가 무서울 정도예요.

다나카 : 그렇게만 생각하지 마세요. 세상은 생각하기에 따라서 비관적일 수도 있지만 낙관적일 수도 있어요. 살인, 유괴 같은 좋지 않은 뉴스도 많지만 착한 사람들의 이야기도 많으니까요.

단어

우물	불안하다	-(으)ㄹ 정도이다	★ 성별	경기도
개구리	순간	비관적	특징	갯벌
-(으)려던 참이다	각국	낙관적	묶다	감소
마저	끊임없이	살인	충돌	증시
아나운서	끔찍하다	유괴	사망	폭락

문법과 표현

Expressions

① 우물 안의 개구리

우물 안의 개구리가 되지 않도록 많은 경험을 하고 싶어요.
우리 아들은 학교 공부밖에 몰라서 우물 안의 개구리가 될까 봐 걱정이에요.
세계 각국 사람들을 만나 보니 내가 그동안 우물 안의 개구리처럼 산 것 같아요.

② V-(으)려던 참이다

안 그래도 내가 너에게 전화를 하려던 참이었어.
나가려던 참인데 마침 친구가 왔어요.
나도 그 말을 하려던 참이야.

③ N마저

오늘 떠나는 마지막 비행기마저 놓쳤으니 어쩌지요?
아버지가 돌아가시고 어머니마저 병들어 누워 계신다고 들었어요.
월급을 다 쓰고 예금해 놓은 것마저 다 써 버렸으니 큰일이군요.

④ A/V-(으)ㄹ 정도이다

너무 웃어서 배가 아플 정도예요.
그 문제는 너무 어려워서 어른들도 잘 못 풀 정도래요.
비가 하도 많이 와서 앞이 안 보일 정도예요.

A/V-(으)ㄹ 정도로

오늘은 잠을 못 잘 정도로 피곤하네요.
아나운서의 말은 알아듣기 힘들 정도로 빨라요.
이제는 한국 사람과 농담을 할 정도로 한국말을 잘해요.

5 생각하기에 따라(서)

그 문제는 생각하기에 따라 쉬울 수도 있고 어려울 수도 있어요.
생각하기에 따라서 즐거울 수도 있고 괴로울 수도 있겠지요.
돈은 좋은 것일 수도 있지만 생각하기에 따라서 나쁜 것일 수도 있어요.

보기에[듣기에] 따라(서)

그 그림은 보기에 따라 어린아이가 그린 그림 같기도 해요.
말이란 듣기에 따라서 오해를 할 수도 있어요.

연습

Exercise

1 본문을 잘 읽고 대답하세요.

1) 두 사람은 무엇을 보려고 합니까?
2) 뉴스를 안 들으면 어떻게 될 거라고 합니까?
3) 아나운서가 뭐라고 했습니까?
4) 마이클은 왜 뉴스 보기가 무섭다고 합니까?
5) 다나카는 세상을 어떻게 보고 싶어합니까?

2 보기와 같이 연습해 봅시다.

도서관에 갈까요?
⇒ 안 그래도 나도 도서관에 가려던 참이었어요.

1) 냉면을 시킬까요?

⇒

2) 지금 바쁘세요? 같이 커피나 한 잔 합시다.

⇒

3) 더우니까 문을 엽시다.

⇒

4) 재미있는 연극이라던데 한번 가 볼까요?

⇒

5) 아버지, 컴퓨터를 좀 더 좋은 걸로 바꿔 주세요.

⇒

6) ....

⇒

CD 1 TRACK 07

3 다음 전화 대화를 잘 들어 보세요.

1) 듣고 대답하세요.

① 이정숙 씨는 누구입니까?

② 이정숙 씨는 왜 경찰서에 전화를 했습니까?

③ 이정숙 씨는 어떻게 아이가 없어진 것을 알았습니까?

④ 이정숙 씨가 경찰서에 가야 한다면 언제입니까?

2) 잃어버린 아이를 찾고 있습니다. .... 에 써넣으세요.

사람을 찾습니다

이름 : 김은아

성별 : 남 · 여

나이 : .... 세

특징

· 키 : .... cm

· 옷 : .... , 까만색 치마

· 신발 : 까만 구두

· 머리 :

이 어린이를 보신 분은 (02) 594 - 1530으로 연락해 주시기 바랍니다.

④ 다음을 찾아보세요.

끔찍한 뉴스	불안한 경제 뉴스
비관적 뉴스	낙관적 뉴스

1) 다음 신문을 읽고 위와 같은 기사를 찾아보세요.

열차 충돌 500여 명 사망

인도 북동부 서벵골주 디나지푸르 지역 가이산 역 근처에서 2일 오전 열차 두 대가 정면충돌, 최고 500명이 숨지고 1,000여 명이 부상했다고 인도 관영 PTI 통신이 전했다.

그러나 현지 구조 책임자와 영국 BBC 방송은 적어도 200명이 숨지고 1,000명이 부상했다고 보도했다.

현지 구조 관계자에 따르면 이날 오전 1시 30분 경(한국시간 오전 5시) 가이산 역에서 가우하티로 가는 우편 열차와 뉴델리로 가는 특급 열차가 정면충돌했다. 충

문일 가능성

졌다. PTI 통

말을 인용해

전했다. 우편

희생자는 주

대 병력이라

다.

세계 최대

루 평균 130

하는 인도에

철도 사고가

최악의 철도

부근에서 발

사망했다.

경기 갯벌 10년 사이 28% 감소

시화지구 등 각종 대규모 간척 사업으로 지난 10년 동안 경기도내 서해안 갯벌 중 28%인 341㎢가 사라졌다.

6일 경기도는 지난 해 도내 서해안 갯벌 면적이 838㎢로, 지난 87년 1179㎢의 28.3%인 341㎢가 줄었다로 밝혔다. 이는 다 많이 파괴됐음을 보

이처럼 갯벌 파괴가

대규모 간척 사업이 서

데 따른 것으로, 시화지

부도 부근 간척 40㎢,

60㎢, 영종도 신공항 4

시 16㎢ 등의 각종 간척

까지 서해안에서 진행

2010년대면 암-에이즈는 '가벼운 병'

美학자들이 본 미래 기술

21세기에는 어떤 과학 기술이 실용화될까.

미국의 조지워싱턴대는 최근 이 물음에 대해 그럴듯한 해답을 내놓았다. 90년대초부터 4차례에 걸쳐 미래 학자 과학 기술자 등 수백 명의 예측을 앙케트로 모아 '미국의 미래 기술(2001-2030)' 이란 자료를 펴낸 것. 앙케트에 응답한 학자들은 2003-2025년

세계 증시 폭락

日주가 6년만에 최저

美 한달새 10% 떨어져

유럽-亞도 하락 행진

겹치면서 전날보다 4백 52.24엔이나 하락한 14,413.79엔으로 폐장했다.

이 주가는 일본의 거품 경기 붕괴 직후인 92년 8월 18일의 14,30

2) 오늘 신문에서 위와 같은 기사를 찾아보세요.

새 단어
Vocabulary

우물	땅을 파서 땅속의 물이 모이도록 해 놓은 것 a well
개구리	a frog
-(으)려던 참이다	막 -(으)려고 하다
마저	까지도 even
아나운서	an announcer
불안(不安)하다	마음이 편하지 않다 to be uneasy
순간(瞬間)	아주 짧은 시간 a moment
각국(各國)	각각의 여러 나라, 모든 나라 every country, each nation
끊임없이	쉬지 않고 계속해서 ceaselessly, continuously
끔찍하다	놀랄 정도로 많거나 커서 싫다 to be horrible, to be terrible
-(으)ㄹ 정도(程度)이다	to be enough to do something
비관적(悲觀的)	일이 잘 안 될 것으로 보는 것 to be pessimistic
낙관적(樂觀的)	일이 잘될 것으로 보는 것 to be optimistic
살인(殺人)	사람을 죽이는 것 a murder
유괴(誘拐)	돈을 목적으로 사람을 데려가는 것 kidnapping, abduction
성별(性別)	남자·여자의 구별 sex distinction
특징(特徵)	다른 것과 비교하여 눈에 띄는 점 characteristics
묶다	끈으로 잡아 매다 to tie
충돌(衝突)	서로 세게 부딪치는 것 a collision, a clash
사망(死亡)	죽음 a death
경기도(京畿道)	한국의 '도' 이름의 하나
갯벌	바닷물이 들어왔다 나갔다 하는 넓은 땅 the shore of an estuary
감소(減少)	줄어드는 것 decrease
증시(證市)	'증권 시장'을 줄인 말 a stock market
폭락(暴落)	물건의 값이 갑자기 떨어지는 것 a slump, a heavy fall

4과 비 올 확률이 높지 않아요

CD 1 TRACK 08

미치코 : 준석 씨, 뭘 그렇게 열심히 봐요?

준석 : 아침에 일찍 나오느라고 신문을 못 봐서요.

미치코 : 요즘 뉴스라고는 골치 아픈 것뿐이라서 저는 신문을 볼 때 텔레비전 프로그램이나 공연 안내가 실린 면만 봐요.

준석 : 그렇지 않아도 저도 볼 만한 공연이 없는지 알아보려던 참이었는데……. 미치코 씨, 이 야외 공연이 재미있을 것 같은데요.

미치코 : 유명한 가수들이 많이 나오네요. 재미있겠는데요.

준석 : 그럼, 오늘 오후에 같이 갈까요? 저는 아무 약속도 없는데…….

미치코 : 그런데 오후에 비가 올 것 같지 않아요? 비가 오면 야외 공연은 취소될지도 몰라요.

준석 : 잠깐만요. 아, 여기 일기예보가 있네요. 남부 지방에는 오후에 비가 오는데 서울 · 경기 지역은 구름만 많이 낀대요. 비 올 확률이 높지 않아서 괜찮겠는데요.

미치코 : 그럼 공연장 매표소 앞에서 조금 일찍 만나요. 관객이 많아서 늦게 가면 뒤에서 봐야 할지도 몰라요.

준석 : 공연이 6시에 시작하니까 4시에 매표소 앞에서 만날까요?

미치코 : 좋아요.

단어

확률	야외	끼다	★ 사장	꾸다	과장	실패하다
골치(가) 아프다	취소하다	매표소	가구	팀	사업	내
프로그램	남부	관객	먼지	시합	당연하다	대전
실리다	지방		약하다	생명	채	해결하다
면	지역		베란다	이메일	늘어나다	

Expressions

문법과 표현

① A/V-(으)ㄹ 확률이 높다[낮다, 있다, 없다]

낮에는 집에 아무도 없을 확률이 높아요.
담배를 안 피우는 사람은 암에 걸릴 확률이 훨씬 낮다고 합니다.
연락을 안 해 놓으면 사장님을 만날 확률은 거의 없을 거예요.

② N(이)라고는 N뿐이다

내 방에 가구라고는 책상뿐이다.
지금은 나갈 수 없어요. 집에 사람이라고는 저 혼자뿐이거든요.
먹을 거라고는 라면뿐이니 라면이라도 먹어야지요.

N(이)라고는 N밖에 없다[못 V]

친구라고는 너밖에 없는데 네가 그럴 수가 있니?
한국 노래라고는 '아리랑' 밖에 못해요.
냉장고에 마실 거라고는 물밖에 없다.

③ 골치(가) 아프다

요즘 회사 일이 많아서 골치가 아파요.
저는 요즘 취직 문제로 골치가 아픕니다.
골치 아픈 이야기는 그만두고 즐겁게 놉시다.

④ 구름[안개, 먼지]이/가 끼다

어제는 맑더니 오늘은 구름이 많이 끼었네요.
안개가 많이 낀 날은 특히 운전할 때 조심해야 해요.
테이프에 먼지가 많이 끼어서 소리가 잘 안 나와요.

연습

Exercise

① 본문을 잘 읽고 대답하세요.

1) 미치코 씨는 신문에서 주로 어떤 면을 봅니까?
2) 두 사람은 오늘 오후에 무엇을 보러 가려고 합니까?
3) 오늘 오후의 서울 · 경기 지역의 날씨는 어떻다고 합니까?
4) 미치코 씨가 왜 일찍 만나자고 했습니까?
5) 두 사람은 어디서 만나기로 했습니까?

② 보기와 같이 연습해 봅시다.

> 가족이 몇 명이세요? (뿐이다)
> ⇒ 가족이라고는 어머니 한 분뿐이에요.

1) 방에 어떤 가구가 있어요? (N밖에 없다) ⇒
2) 한국 친구가 많아요? (N뿐이다) ⇒
3) 친구 결혼식이 있는데 양복 좀 빌려 주세요. (N밖에 없다) ⇒
4) 운동 잘해요? (N밖에 못 V) ⇒
5) 한국 노래를 잘해요? (N밖에 못 V) ⇒
6) ______________________? ⇒

③ ______ 에 공통적으로 들어갈 단어를 찾아 알맞게 고쳐 쓰세요.

끼다	나오다	떨어지다	타다	풀다

1) 그 영화에 ______ 배우 이름이 뭐예요?
   안내 방송이 ______ 데 소리가 작아서 안 들려요.
   딸기는 늦은 봄에 ______(으)니까 겨울에는 비쌀 수밖에 없어요.

2) 이번 추석 때는 버스를 안 ______고 기차를 ______야겠어요.
   월급을 ______(으)면 부모님께 선물을 사 드리고 싶어요.
   생선을 너무 센 불에 구우면 ______(으)니까 약한 불에 구우세요.

3) 아이가 5층짜리 아파트 베란다에서 ....는데 나무에 걸려서 살았대요.
시험에 .... 학생들은 취직을 하거나 다음 해에 다시 시험을 칠 거예요.
생활비가 다 ....서 할 수 없이 친구한테 조금 꿨어요.

4) 구름이 많이 .... 걸 보니 비가 올 모양이에요.
옷이 너무 작아져서 좀 ....는데 고쳐야겠어요.
네가 우리 팀에 ....(으)면 이번 시합에서 틀림없이 이길 거야.

5) 문제가 너무 어려워서 하나도 못 ....요.
네가 자꾸 화를 내니까 내가 더 미안하잖아. 그만 화 ....
머리를 묶는 것보다 길게 ....(으)니까 더 멋있는데요.

④ 친구와 이야기해 봅시다.

1) 지금 가장 골치 아픈 일이 뭐예요?
2) 학교에 다닐 때 어떤 과목이 제일 골치 아팠어요?
3) 지금 한국어를 배우는 데 무엇이 제일 골치 아파요?
4) 지금 여러분 나라에서 가장 골치 아픈 문제는 무엇입니까?
5) ....?

CD 1 TRACK 09

⑤ 아내와 남편의 대화입니다. 잘 들어 보세요.

1) 아내는 남편과 이야기하고 나서 '생명의 전화'에 이메일을 보냈습니다.
............에 알맞은 말을 넣으세요.

> http://www.lifeline.or.kr
> 제목 : 어떻게 할까요?
>
> 안녕하세요.
>
> 제 남편은 ....도 못하고 10년째 과장 자리에 있는 사람입니다. 요즘은 더 이상 회사 다니기도 괴로우니까 집을 팔아서 사업을 해 보겠다고 합니다.
>
> 남편이 그렇게 생각하는 것도 당연하다고 보지만 그동안 벌어 놓은 ....(이)라고는 집 한 채밖에 없습니다. 아이들 교육비는 늘어나고, 요즘 같은 때는 실패할 ....이/가 높을 것 같아서 반대하고 있습니다. 그렇지만 계속 반대만 할 수도 없고, 어떻게 하면 좋을까요?

2) 이 편지를 보고 여러분이라면 어떻게 얘기해 주겠습니까? 답장을 써 보세요.

jhsynn61@unitel.co.kr

제목 : ....

6 다음 일들이 일어날 확률이 얼마나 될지, 그 이유는 무엇인지 친구와 이야기해 봅시다.

	없다	적다 (낮다)	많다 (높다)	100%	이 유
오늘 비 올 확률					
방학 때 고향에 갈 확률					
다음 달에 하숙비가 오를 확률					
2010년 내에 한국이 통일될 확률					
3차 세계 대전이 일어날 확률					
내년에 서울에 있을 확률					
몇 년 내에 서울의 교통 문제가 해결될 확률					

새 단어

Vocabulary

확률(確率)	어떤 일이 일어날 가능성 probability
골치(가) 아프다	몹시 귀찮다 to be troublesome, to be annoying
프로그램	a program
실리다	'싣다' 의 피동형 to be printed, to be reported
면(面)	신문이나 책 등의 각 쪽 a section
야외(野外)	집 밖 outdoor
취소(取消)하다	약속했던 것을 하지 않는 것으로 다시 바꾸다 to cancel
남부(南部)	남쪽 southern part
지방(地方)	어느 한 방면의 땅 a province
지역(地域)	어느 정해진 곳 a region, an area
끼다	(구름 등이) 퍼져서 가득 차다 to become (cloudy, foggy)
매표소(賣票所)	표를 파는 곳 a ticket office
관객(觀客)	구경하는 사람 an audience
사장(社長)	회사의 대표자 the head of a firm, CEO, company president
가구(家具)	집안 생활에 쓰는 도구들 furniture
먼지	dirt
약(弱)하다	강하지 않다 to be weak
베란다	주로 아파트의 앞쪽에 붙어 있는 좁고 긴 공간 a veranda
꾸다	빌려 쓰다 to borrow
팀	편 a team
시합(試合)	서로의 실력을 비교하여 이기고 지는 것을 가리는 것 a match, a game
생명(生命)	생물이 살아 있게 하는 힘 a life
이메일	e-mail
과장(課長)	과(課)의 책임자 the head of a department
사업(事業)	돈을 벌기 위해 하는 일 a business
당연(當然)하다	마땅하다, 그렇게 할 수밖에 없다 to be no wonder
채	집을 세는 단위
늘어나다	원래보다 더 커지거나 많아지다 to increase
실패(失敗)하다	뜻을 이루지 못하다 to fail
내(內)	범위나 구역의 안 within
대전(大戰)	여러 나라가 넓은 지역에 걸쳐 벌이는 큰 싸움 a world war
해결(解決)하다	사건이나 문제를 잘 풀다 to solve

5과 환경 문제에 관심이 많아요

CD 1 TRACK 10

우리의 생활수준이 점점 나아지면서 각 가정에서 나오는 쓰레기도 크게 늘어나고 있다. 그중에서도 특히 문제가 되는 것은 음식물 쓰레기다. 한 해 동안 버려지는 음식물을 돈으로 계산해 보면 서울에서 부산까지 고속 전철을 놓고도 남을 정도라고 한다. 이러한 음식물 쓰레기를 줄이기 위해서는 음식을 먹을 만큼만 만들고 밥이나 반찬이 많을 때는 미리 덜어 놓는 습관을 가지는 게 좋다. 그렇게 하면 쓰레기 처리 비용도 절약할 수 있고 환경도 보호할 수 있을 것이다.

영숙 어머니 : 쓰레기를 버리는 것도 꽤 힘든 일이지요?

이웃집 아주머니 : 그래요. 더군다나 종류별로 모아서 버려야 하니까 귀찮을 때가 많아요.

영숙 어머니 : 그래도 환경을 보호하기 위해서는 우리 같은 주부들이 관심을 가지고 실천해야지요.

이웃집 아주머니 : 영숙이 어머니는 항상 환경 문제에 관심이 많은 것 같아요.

영숙 어머니 : 환경 문제는 우리의 생명과 직접 관계된 문제이기 때문에 우리 모두가 관심을 가지지 않으면 안 돼요.

단어

환경	음식물	덜다	이웃	주부
수준	놓다 (길을)	습관	더군다나	실천하다
점점	줄이다	처리	종류	관계되다
각	-(으)ㄹ 만큼	절약하다	-별	
쓰레기	반찬	보호하다	귀찮다	

이웃집 아주머니 : 신문에서 보니까 우리나라가 선진국에 비해서 쓰레기 양이 훨씬 많다고 하던데요.

영숙 어머니 : 그렇대요. 그중에서도 음식물 쓰레기가 특히 문제라고 해요.

이웃집 아주머니 : 우리도 음식을 만들 때 먹을 수 있을 만큼만 만들어야겠어요. 음식을 남겨서 버리는 일처럼 아까운 것도 없잖아요.

선진국	★ 문화	차이	분리수거
양	싫증(이) 나다	심각하다	-류
	수거하다	경제적	

문법과 표현

Expressions

① N에/에게 관심이 있다[없다]

저는 한국 정치에 관심이 많습니다.
영숙 씨가 그 사람에게 관심이 있으면 소개해 줄게요.
요즘 젊은이들은 전통문화에 관심이 없는 것 같다.

N에/에게 관심을 가지다

우리 모두가 환경 문제에 관심을 가져야 합니다.
생활이 어려운 이웃들에게 관심을 가집시다.
인류의 미래에 모두가 관심을 가진다면 과학은 더욱 발전할 것이다.

② V-고도 남다

케이크가 너무 커서 10명이 먹고도 남았어요.
일주일이면 준비를 끝내고도 남을 시간이잖아요.
내 방은 다섯 명이 자고도 남을 정도로 넓어요.

③ V-(으)ㄹ 만큼

좋아하는 음식을 골라서 먹을 만큼만 가져가세요.
빵을 싫증이 날 만큼 먹어서 이젠 더 안 먹겠어요.
한국말로 생각할 수 있을 만큼 한국말을 잘하고 싶어요.

N만큼

엄마랑 아빠를 하늘만큼 땅만큼 사랑해요.
나도 너만큼 수영을 잘했으면 좋겠다.
그 일은 생각만큼 어렵지 않아요.

④ N-별(로)

나이별로 앉아 보세요.
지역별로 쓰레기를 수거하는 방법에 차이가 있어요.
이번 여행은 반별로 가려고 합니다.

* 학년별, 학교별, 남녀별, 성별, 종류별

⑤ A/V-지 않으면 안 되다

그 일을 내일까지 끝내지 않으면 안 됩니다.
세탁기를 고치지 않으면 안 돼요.
기차표를 예매하지 않으면 안 될 거예요.

⑥ N처럼 A/V-(으)ㄴ/는 N도 없다

이 세상에서 사랑처럼 아름다운 것도 없을 거예요.
민수 씨처럼 남의 일을 잘 도와주는 사람도 없어요.
내 친구처럼 김치를 좋아하는 사람도 없어요.

연습

Exercise

① 본문을 잘 읽고 대답하세요.

1) 생활 쓰레기 중에서 가장 심각한 것은 무엇입니까?
2) 한 해 버리는 음식물을 돈으로 계산하면 어느 정도라고 합니까?
3) 음식물 쓰레기를 줄이기 위해 어떻게 해야 합니까? (2가지)
4) 쓰레기 버리는 일이 왜 힘듭니까?
5) 영숙이 어머니는 우리가 왜 환경 문제에 관심을 가져야 한다고 합니까?

② 보기에서 알맞은 단어를 골라 ______에 넣으세요.

귀찮다	덜다	선진국	수준	실천하다	싫증
심각하다	절약하다	종류	차이	처리	환경

1) 이 문제를 너무 ______ 생각하지 마세요.
2) 어젯밤에는 웬 전화가 그렇게 많이 오던지 너무나 ______어요.
3) 경제적으로 발전한 나라를 ______(이)라고 합니다.
4) 가는 곳마다 그 음악을 들려줘서 이제는 그 음악에 ______이/가 났어요.
5) 물건뿐만 아니라 시간도 ______서 쓸 줄 알아야 해요.
6) 가 : 제게는 밥이 너무 많군요.
   나 : 그럼, 이 그릇에 ______서 드세요.
7) 계획한 대로 ______기 어려울 때가 많아요.
8) 문화의 ______ 때문에 처음에는 이곳 생활에 적응하기가 힘들었어요.

③ 다음의 문형을 이용해서 대답하세요.

더군다나	에 관심이 있다	V-(으)ㄹ 만큼	V-고도 남다
N처럼 A/V-(으)ㄴ/는 N도 없다		A/V-지 않으면 안 되다	

1) 가 : 오늘 여행사에 전화해서 비행기 표를 예약해 놓으세요.
   나 : 떠나려면 아직 한 달이나 남았는데요.
   가 : ______________________.

2) 가 : 한국 역사에 대해 잘 아시는군요.
   나 : ______________________.

3) 가 : 어제 손님을 초대했다고 했는데 아직도 음식이 이렇게 많이 있어요?
   나 : ______________________.

4) 가 : 준석 씨는 마음이 참 넓은 사람인 것 같아요.
   나 : 맞아요. ______________________.

5) 가 : 아직도 그 책을 읽고 있어요?
   나 : 내용이 어려워요. ______________________.

6) 가 : 이 케이크 아주 맛있지요? 좀 더 드세요.
   나 : 아니에요. ______________________.

CD 1 TRACK 11

4 **지연이와 미치코가 한국 음식에 대해서 이야기하고 있습니다. 잘 듣고 질문에 대답하세요.**

1) 미치코는 어떻게 한국 음식을 잘 알게 됐습니까?
2) 미치코는 한국 음식의 특징이 뭐라고 생각합니까?
3) 지연이 집에서는 김치를 사 먹습니까?
4) 그 이유는 무엇입니까?

5 **친구들에게 물어봅시다.**

1) 친구들에게 한 명씩 돌아가면서 물어보세요.

① 내가 쓰는 물건 중에서 가장 오래된 물건은 무엇입니까? 몇 년이나 되었습니까?

② 내가 버리는 쓰레기 중에서 가장 많이 나오는 것은 무엇일까요? 그것을 줄이거나 다시 쓸 수 있는 방법은 없을까요?

③ 여러분 나라의 쓰레기 문제 중 가장 심각한 것은 무엇입니까? 그것을 처리하는 좋은 방법이 있습니까?

④ 여러분 나라에서도 음식물 쓰레기가 큰 문제입니까? 음식물 쓰레기 문제를 해결할 수 있는 가장 좋은 방법이 무엇입니까?

2) 친구들의 대답을 듣고 다음을 완성해 보세요.

· 우리 반 학생들이 쓰고 있는 물건 중에서 가장 오래된 물건은 .... 씨의 ....(이)며 사용한 지 ....년이 되었다고 한다.

· 우리 반 학생들이 가장 많이 버리게 되는 쓰레기는 ....(이)고 그것을 줄이는 가장 좋은 방법은 ....다.

· 각국의 쓰레기 문제 중 많은 나라에서 가장 문제가 되는 것은 ....(이)며 그것을 처리하는 좋은 방법은 ....다.

· 음식물 쓰레기가 문제가 되는 나라는 ....(이)며 가장 좋은 해결 방법을 갖고 있는 나라는 ....다.

3) 쓰레기 분리수거를 하려고 합니다. 어떤 방법으로 처리해서 버려야 하는지 자세히 말해 보고 어디에 버리면 좋을지 찾아보세요.

새 단어

Vocabulary

환경(環境)	사람이나 생물에게 영향을 주는 자연의 조건 environment
수준(水準)	높고 낮음·좋고 나쁨을 판단하기 위한 근거가 되는 것 a level
점점(漸漸)	조금씩 little by little
각(各)	each
쓰레기	못 쓰게 되어 버린 물건 또는 버릴 물건 waste, garbage, refuse
음식물(飮食物)	먹고 마시는 것 food
놓다 (길을)	어떤 시설을 만들다 to build, to construct
줄이다	원래보다 작게 하거나 적게 하다 to reduce, to decrease
-(으)ㄹ 만큼	as ~ as
반찬(飯饌)	밥과 함께 먹는 음식 a side dish
덜다	일정한 양에서 한 부분을 떼어 내다 to subtract, to lessen
습관(習慣)	오랫동안 반복되어 저절로 된 행동 방식 a habit
처리(處理)	어떤 사물을 다루어 해결함 management, treatment, handling
절약(節約)하다	아껴 쓰다 to save, to economize
보호(保護)하다	사람이나 사물이 위험을 당하지 않도록 보살펴 주다 to protect
이웃	가까이 있는 곳, 가까이 사는 사람 the neighborhood
더군다나	더구나, 거기에 더 in addition, besides
종류(種類)	어떤 기준에 따라 나눈 것 a kind
-별(別)	classified by
귀찮다	하기 싫다 to be annoying
주부(主婦)	한 가정의 살림을 맡아 보는 여자 a housewife
실천(實踐)하다	실제로 하다 to put (a theory) in practice
관계(關係)되다	to be related (to), to be connected (with)
선진국(先進國)	경제, 문화 등이 발전한 나라 an advanced nation
양(量)	quantity
문화(文化)	culture
싫증(이) 나다	싫은 생각이 나다 to be tired of, to get sick of
수거(收去)하다	모아서 가져가다 to collect
차이(差異)	다른 점 a difference
심각(深刻)하다	매우 심하다 to be serious
경제적(經濟的)	경제에 관한 것 to be economical
분리수거(分離收去)	같은 것끼리 나누어 모음
-류(類)	a sort

6과 일회용품의 사용을 줄입시다 CD 1 TRACK 12

지연 : 요즈음은 서울 시내 700여 군데 주유소에서도 시민들의 편의를 위해 재활용품을 수거하고 있대요.

민수 : 나도 기름 넣으러 가는 길에 그동안 모아 두었던 신문지를 가져가 본 적이 있는데 참 편리하던데요.

지연 : 그래서 시민들로부터 좋은 반응을 얻고 있는 모양이에요.

민수 : 환경을 보호하기 위해서는 재활용도 좋지만 무엇보다도 쓰레기를 줄이는 것이 더 중요하지 않겠어요?

지연 : 그래요. 특히 나무젓가락이나 종이컵 같은 일회용품을 덜 써야겠지요.

민수 : 이렇게 계속해서 쓰레기가 늘다가는 지구가 온통 쓰레기로 덮일지도 몰라요.

지연 : 우리들 모두가 꼭 쓰레기를 줄여야 한다는 의식을 가져야지요.

민수 : 하지만 개인의 노력만으로는 한계가 있는 것 같아요. 정부가 적극적으로 나서야 해요. 쓰레기 재활용하는 법도 연구해야 하고요.

단어

일회용품	편의	무엇보다도	의식	★ 늘리다	오염	봉투	알뜰하다
-여	재활용품	늘다	한계	휴식	원인	화분	
군데	신문지	지구	정부	줄다	대기	깨끗이	
주유소	반응	온통	적극적	체육 대회	배기	꿰매다	
시민	얻다	덮이다	나서다	사고방식	비닐	지도자	

Expressions

문법과 표현

① N을/를 줄이다[늘리다]

쓰레기를 줄입시다.
이 바지 길이를 줄여 주세요.
건강을 위해서는 일하는 시간을 줄이고 휴식 시간을 늘려야 한다.

N이/가 줄다[늘다]

옷을 세탁기에 빨았더니 줄어서 못 입게 됐어요.
자동차가 늘어서 길이 복잡해요.
한국말이 많이 늘었군요.

② 반응을 얻다

이 계획이 사람들한테 어떤 반응을 얻게 될지 궁금합니다.
체육 대회가 학생들에게 좋은 반응을 얻어서 계속하기로 했어요.
그 광고는 사람들로부터 좋은 반응을 얻지 못했다.

③ 무엇[누구, 어디]보다도

신발은 무엇보다도 발이 편해야 합니다.
준석 씨는 누구보다도 농담을 잘해요.
제주도에 가게 되면 어디보다도 먼저 한라산에 올라가 볼 거예요.

④ V-다가는

그렇게 열심히 일하다가는 쓰러질 거예요.
이렇게 비가 오다가는 홍수가 날지도 몰라요.
텔레비전을 가까이서 보다가는 눈이 나빠질 거예요.

⑤ N이/가 N(으)로 덮이다

산이 눈으로 덮여서 아름답다.
선생님 책상이 책들로 덮여 있어요.
가을엔 거리가 낙엽으로 덮여요.

⑥ N이/가 나서다

쓰레기 문제를 해결하기 위해서는 정부가 나서야 합니다.
그 일은 형님이 나서야 잘 될 거예요.
집 문제는 아버지가 나서서 풀어야 해요.

연습

Exercise

① 본문을 잘 읽고 대답하세요.

1) 요즘 서울 시내 주유소에서 무슨 일을 하고 있습니까?
2) 그 일에 대해 사람들의 반응은 어떻습니까?
3) 환경을 위해서 재활용보다 더 중요한 일은 무엇입니까?
4) 쓰레기가 계속 늘면 어떻게 될 것 같습니까?
5) 쓰레기 문제 해결은 어떻게 해야 될까요?

② 다음의 문형을 이용해서 문장을 만드세요.

N이/가 나서다	N이/가 N(으)로 덮이다	V-다가는	반응을 얻다
N이/가 줄다	N을/를 줄이다	N이/가 늘다	N을/를 늘리다
무엇보다도	누구보다도	어디보다도	N을/를 빼다

1) 가 : 지난번에 소개받은 사람이 어땠어요?
나 : .... 그 사람의 사고방식이 아주 마음에 들었어요.

2) 가 : 아니, 이 옷이 왜 이렇게 작아졌니?
나 : 세탁기에 넣고 빨았더니 ....

3) 가 : 체육 대회 때 어떤 운동을 하면 학생들에게 .... 요?
나 : 많은 사람이 함께 할 수 있는 운동을 좋아할 거예요.

4) 가 : 집에 무슨 어려운 문제가 있다고 들었는데 어떻게 됐어요?
나 : 저희 형님이 .... 잘 해결됐어요.

5) 가 : 침대가 옷 .... 잖아요. 침대 위 좀 정리하세요.
나 : 아까 급히 나가느라고 치우지 못했어요.

6) 가 : 요즘 배가 좀 나온 것 같은데 어떻게 하면 좋을까요?
나 : 살을 .... (으)려면 한 번에 많이 먹지 말고 식사량을 .... 도록 하세요.

7) 가 : 이렇게 차를 빨리 운전 .... 사고 나겠어요.
나 : 제가 마음이 너무 바빠서 그랬나 봐요. 좀 천천히 가도록 할게요.

③ 환경오염은 아주 심각한 문제가 되었습니다. 어떤 것들이 환경오염의 원인이 되는지 얘기해 봅시다.

1) 대기 오염 : ① 자동차의 배기가스
② ....
③ ....

2) 물의 오염 : ① ....
② ....
③ ....

3) 땅의 오염 : ① ....
② ....
③ ....

4 오염을 줄이고 환경을 보호하는 방법에는 어떤 것들이 있을까요? '지구를 살리는 방법'에 대해 알아봅시다.

5 여러분은 환경 문제에 대해 얼마나 관심이 있습니까?

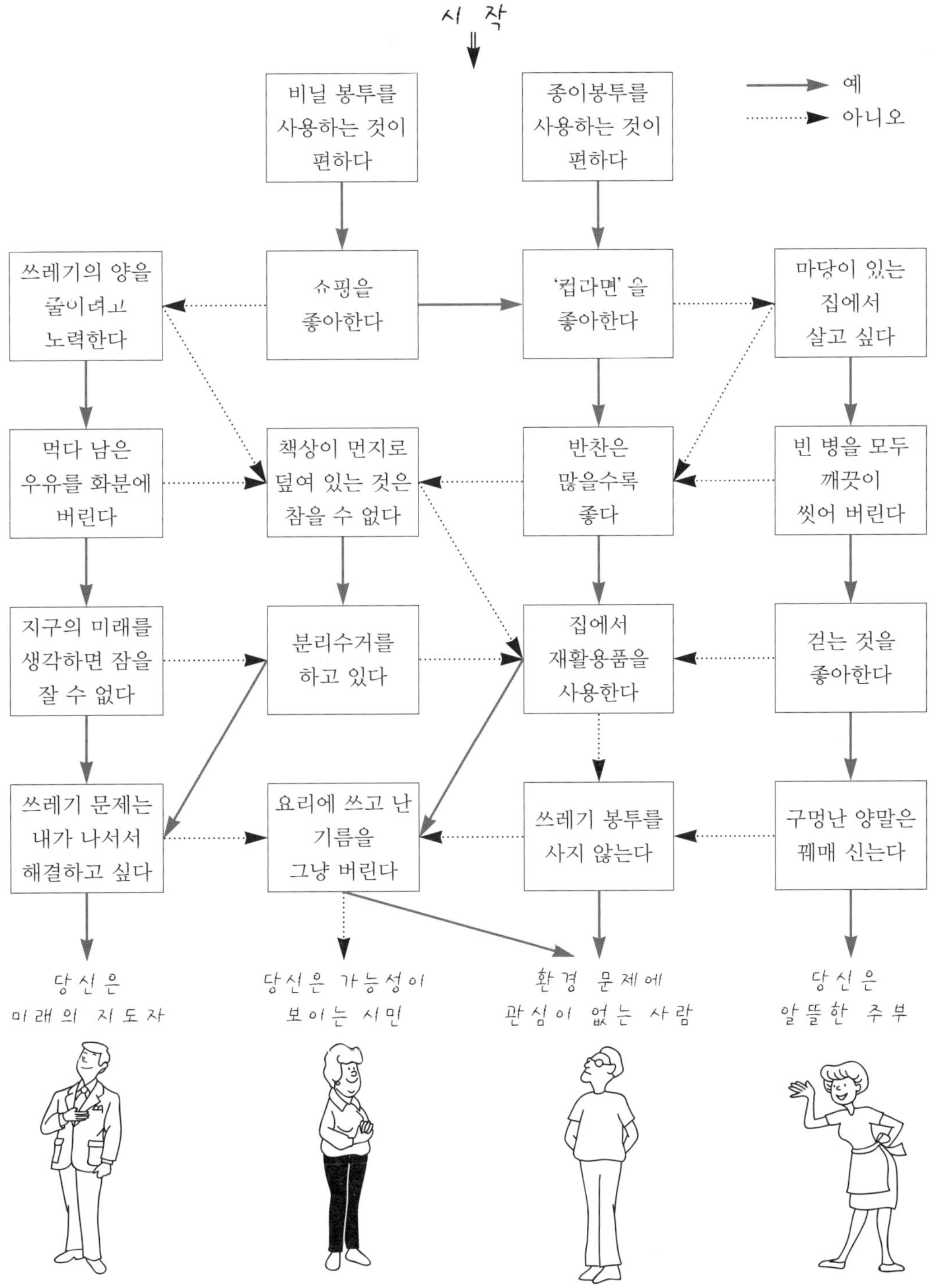

새 단어
Vocabulary

일회용품(一回用品)	한 번 쓰고 버리는 물건 disposable goods
-여(餘)	more (than), over
군데	하나하나의 곳 a place, a spot
주유소(注油所)	자동차에 기름을 넣는 곳 a gas station
시민(市民)	시에 살고 있는 사람 a citizen, city resident
편의(便宜)	어떤 일을 하는 데 어려움이 없게 하고 필요한 것을 도와주는 것 convenience
재활용품(再活用品)	다시 사용할 수 있는 물건 recyclable goods
신문지(新聞紙)	newspaper
반응(反應)	어떤 자극에 대응하여 일어나는 것 a reaction, response
얻다	받다 to get
무엇보다도	어떤 것보다, 가장 above all
늘다	많아지다 to increase
지구(地球)	the earth
온통	wholly, entirely
덮이다	'덮다' 의 수동형 to be covered
의식(意識)	무엇을 알게 되거나 판단하는 기능 consciousness, conscientiousness
한계(限界)	그 이상 더 미칠 수 없는 범위 a limit, a boundary
정부(政府)	a government
적극적(積極的)	어떤 일을 해 나가는 태도가 능동적이고 활발한 것 to be proactive
나서다	앞장서다 to become involved
늘리다	많아지게 하다 to extend, to increase
휴식(休息)	쉬는 것 rest, recess
줄다	적어지다 to decrease
체육 대회(體育大會)	(학교나 회사 등에서) 여러 운동 경기를 벌이는 대회 an athletic meeting
사고방식(思考方式)	문제를 해결하는 방법과 태도 one's way of thinking
오염(汚染)	더러워짐 pollution, contamination
원인(原因)	이유 a cause
대기(大氣)	지구를 둘러싸고 있는 모든 공기 the atmosphere
배기(排氣)	밖으로 나오는 기체 exhaust
비닐	vinyl, plastic
봉투(封套)	여러 가지 물건을 담을 수 있는 주머니 an envelope
화분(花盆)	흙을 담아 식물을 기르는 그릇 a flowerpot

깨끗이	clean
꿰매다	바느질하여 붙이다 to sew, to stitch
지도자(指導者)	(어떤 목적이나 뜻을 이루기 위해) 사람들을 이끌어 가는 사람 a leader
알뜰하다	아끼고 절약하다 to be frugal, to be thrifty

7과 선봤다는 소문을 들었어

CD 1 TRACK 13

준석 : 지연아, 선을 봤다는 소문을 들었는데 정말이니? 넌 연애결혼을 하겠다고 하지 않았어?

지연 : 누구한테 들었어?

준석 : 민수한테 들었는데 조건이 아주 좋은 사람이었다면서?

지연 : 무슨 남자가 그렇게 입이 가벼울까? 비밀은 꼭 지키겠다고 하더니 벌써 다 말했구나.

준석 : 어떤 사람이었는지 궁금한데, 말 좀 해 봐.

지연 : 이모 친구의 동생인데, 좋은 대학을 나온 데다가 집안도 좋고 잘생겼다고 하도 칭찬을 해서, 한번 만나 보기나 하려고 나갔어.

준석 : 그래서 직접 만나 보니 어땠어?

단어

이모　　-(으)ㄴ/는 데다가　　집안　　칭찬하다

지연 : 글쎄, 인상은 괜찮았지만 한 번 보고 어떤 사람인지 잘 모르지, 뭐. 난 조건보다는 인간성이 더 중요하다고 생각하거든.

준석 : 네 말이 맞아. 중요한 건 재산이나 조건이 아니라 마음이지. 젊은 사람들이 만나 서로 사랑하고 열심히 사는 것이 행복한 결혼 아니겠니?

지연 : 맞아. 그렇지만 한편으로는 이런 생각도 들어. 적은 돈으로 생활하다 보면 바가지를 긁게 될 거고, 그러다 보면 사랑도 점점 식지 않을까?

준석 : 요즘 여사들이 보두 그렇게 생각하니? 그렇다면 나같이 가난한 사람한테 너처럼 멋있는 여자는 그림의 떡이겠다.

지연 : 아이, 비행기 그만 태워. 네 여자 친구가 네가 졸업할 날만 눈 빠지게 기다리고 있는 걸 모르는 줄 알아?

준석 : 하여튼 네 말을 들으니 이제부터 여자 친구에게 더 잘 해 줘야겠다. 혹시 좋은 조건을 가진 남자가 나타나면 마음이 변할까 봐 걱정이 되네.

인상	긁다	★ 사투리	걸치다	고민	눈치(를) 채다
인간성	식다	자꾸	파뿌리	가슴	
재산	빠지다	관용어	깨	떨리다	
한편	혹시	속담	쏟아지다	설레다	
바가지		양다리	앞두다	운명	

Expressions

문법과 표현

① A/V-다면서(요)?

설악산은 단풍이 아름답다면서요?
주말에 제주도에 간다면서요?
바바라 씨는 한국에 처음 오셨다면서요?

N(이)라면서(요)?

외국 여행이 처음이라면서요?
취미가 낚시라면서요? 주말에 함께 낚시 갑시다.
고향이 부산이라면서요? 그런데 사투리를 전혀 안 쓰시네요.

② A/V-다고 하더니

오늘 흐리겠다고 하더니 날씨가 아주 좋은데요!
김 선생님이 오늘 모임에 오신다고 하더니 정말 오셨다.
남자 친구를 사귄다고 하더니 왜 헤어졌어요?

③ A/V-(으)ㄴ/는 데다가

그 꽃은 예쁜 데다가 오래 가서 좋아요.
그 선생님은 잘 가르치는 데다가 재미있게 수업을 하니까 학생들이 좋아해요.
많이 걸은 데다가 점심을 못 먹어서 말할 힘도 없어요.

④ 한번 V-아/어 보기나 하다

하숙집을 옮기려고? – 아니, 좋은 방이 있다고 해서 한번 가 보기나 하려고.
아까 그 남자 어때요? 한번 만나 보기나 하세요.
어디 가세요? – 지갑을 잃어버렸는데 한번 찾아보기나 해야겠어요.

⑤ V-다 보면

한국 사람들을 만나다 보면 한국말을 잘할 수 있을 겁니다.
외국에 계속 살다 보면 생각이 달라질 텐데요.
정구를 매일 연습하다 보면 잘 칠 수 있을 거예요.

V-다 보니(까)

한국 사람을 만나다 보니까 한국말을 잘하게 되었습니다.
재미있게 얘기하다 보니 시간 가는 줄 몰랐어요.
자꾸 만나다 보니 사랑하게 되었어요.

⑥ 바가지(를) 긁다

나는 우리 엄마가 바가지 긁는 걸 본 적이 없다.
결혼해서 살다 보면 바가지 긁을 일도 생겨요.
돈 문제 때문에 바가지 긁는 사람이 제일 많은 것 같다.

⑦ 그림의 떡

그 옷은 너무 비싸서 내겐 그림의 떡이에요.
이런 집은 그림의 떡이지만 구경이나 해 볼까요?
먹으면 안 된다고 하니 그림의 떡이네요.

⑧ 비행기(를) 태우다

준석 씨는 언제나 비행기 태우는 말만 해요.
그 말 정말이에요? 비행기 태우는 거 아니지요?
비행기 태우지 말고 느낀 대로 말씀해 주세요.

⑨ 눈(이) 빠지도록[빠지게] 기다리다

눈 빠지게 기다려도 그 여자는 안 올 거예요.
왜 이렇게 늦었어요? 눈 빠지게 기다렸잖아요.
눈이 빠지도록 기다렸다.

연습

Exercise

① 본문을 잘 읽고 대답하세요.

1) 민수는 어떤 사람인 것 같습니까?
2) 지연이는 왜 선을 봤습니까?
3) 지연이는 결혼할 때 중요한 것이 무엇이라고 생각합니까?
4) 준석이의 결혼에 대한 생각은 어떻습니까?
5) 준석이는 지연이의 말을 듣고 나서 무엇을 걱정하게 되었습니까?

② 보기와 같이 대답을 만들어 보세요.

1) 가 : 이 옷은 저한테 별로 안 어울릴 것 같아요. (입다)
   나 : 그래도 한번 입어 보기나 하세요.

① 가 : 저는 떡을 안 좋아해요. (먹다)
   나 : ______________________.

② 가 : 벌써 차가 출발했을 텐데. (나가다)
   나 : ______________________.

③ 가 : 그 사람 아주 바쁠 거예요. (시간 있냐고 묻다)
   나 : ______________________.

④ 가 : 열도 안 나고 괜찮은 것 같아요. (병원에 가다)
　나 : ________________.

⑤ 가 : ________________.
　나 : ________________.

2) 운동을 매일 하다 ⇒ 운동을 매일 하다 보면 건강해질 거예요.
⇒ 운동을 매일 하다 보니 이젠 운동을 안 하면 이상해요.

① 한국에서 오래 살다 ⇒
⇒

② 그 사람을 자주 만나다 ⇒
⇒

③ 매일 술을 마시다 ⇒
⇒

④ 피아노를 매일 한 시간씩 치다 ⇒
⇒

⑤ 노래를 자꾸 부르다 ⇒
⇒

③ 보기에서 알맞은 문형을 골라 문장을 완성하세요.

A/V-다는 소문을 듣다　V-다 보면　V-다 보니(까)　A/V-다고 하더니
A/V-(으)ㄴ/는 데다가　한번 V-아/어 보기나 하다

1) 전 처음에는 김치를 잘 못 먹었어요. 그렇지만 한국에 와서 매일 ________________
이젠 김치가 없으면 밥을 못 먹어요.

2) 가 : 어제 왜 학교에 안 왔어요?
나 : 열이 ________________ 기침을 해서 못 왔어요.

3) 가 : 미영이가 다음 달에 유학을 간대.
나 : 그래? 난 미영이가 이번 달에 ____________________.

4) 가 : 미안하지만 오늘 거기에 못 가겠어.
나 : 그러지 말고 좋은 일이 있으니까 ____________________.

5) 가 : 어제 우리 집에 전화 ____________________ 왜 안 했어요?
나 : 도서관에서 늦게까지 공부하느라고 잊어버렸어요.

④ 다음 대화의 ______ 에 알맞은 표현을 넣으세요.

그림의 떡	눈(이) 빠지다	바가지(를) 긁다
비행기(를) 태우다	입이 가볍다	입이 무겁다

1) 미영 : 너 다른 사람한테 이 얘기를 하면 안 돼. 비밀이야.
유진 : 알았어. 걱정하지 마. 난 ____________________.

2) 지민 : 와, 저 집 참 크고 멋있다. 수영장도 있는 데다가 테니스장도 있네. 내가 저런 집을 사게 되면 네게 방 하나 줄게.
준구 : 그렇게 되면 좋겠지만 저 집은 우리 같은 학생에겐 ____________________.

3) 미치코 : 다나카 씨 여자 친구는 정말 좋겠어요. 다나카 씨처럼 성격 좋고, 멋있고, 재미있는 사람을 사귀니까요.
다나카 : 어, 오늘 왜 이래요? ____________________. 아무리 그래도 난 지금 커피 살 돈도 없어요.

4) 영민 : 승호 씨, 이번에 아들 낳았다면서요? 축하해요. 한턱 내야겠네요.
승호 : 고마워요. 그런데 한턱은 다음에 낼게요. 이번 달에는 돈을 벌써 다 써 버려서 월급 받는 날만 ____________________ 기다리고 있거든요.

5) 준구 : 아침부터 기분이 안 좋아 보이는데 무슨 일 있어?
영민 : 글쎄, 아침에 나오는데 아내가 ____________________. 게다가 버스를 놓쳐서 지각을 했어.

CD 1 TRACK 14

5 다나카와 미영이의 대화입니다. 잘 들리지 않는 부분에 알맞은 말을 골라 보세요.

1) ① 도대체 누구랑 한대?
② 도대체 행복예식장이 어디래?
③ 도대체 누구한테 들었어?

2) ① 남자는 정말 입이 가볍구나.
② 비행기 태우지 마.
③ 세상에 믿을 남자 하나도 없구나.

6 우리의 생활에서 많이 쓰이는 관용어와 속담입니다. 무슨 뜻인지 알아봅시다.

1) 바람을 맞다
2) 양다리 걸치다
3) 제 눈에 안경이다
4) 국수를 먹다
5) 검은 머리 파뿌리 되도록
6) 깨가 쏟아지다

7 다음의 이메일을 보고 여러분의 의견을 말해 봅시다.

보내는 사람 : "은주" 〈eunju@hankuk.ac.kr〉
받는 사람 : "미영" 〈miyoung@hanmin.co.kr〉

미영아, 민수 씨와의 결혼을 앞두고 다른 사람한테는 말 못 할 고민이 생겼어. 얼마 전에 어떤 남자를 만났는데, 처음 만난 순간부터 가슴이 떨리고 설레었어. 민수 씨와는 어렸을 때부터 가깝게 지내다가 결혼을 약속한 사이라서 편안하다는 느낌만 있을 뿐이고 이런 가슴 떨림은 없었거든. 그 사람을 그 뒤 몇 번 더 만났는데, 만나면 만날수록 우리의 만남이 운명이라는 생각이 들어. 이런 느낌은 태어나서 처음이고 민수 씨에게서는 한 번도 느껴 보지 못했어. 이게 사랑일까? 만일 이게 사랑이라면 민수 씨와의 결혼을 다시 생각해 봐야 하지 않을까? 그런데 요즘 민수 씨도 이런 사실을 눈치 챈 것 같아. 어제는 진실한 사랑이란 순간의 감정이 아니라 오래되고 편안한 거라는 이야기도 했어. 내가 어떻게 해야 할까?

1) 여러분이 미영이라면 은주에게 어떻게 얘기해 주겠습니까?

2) 여러분이 은주라면 어떻게 하겠습니까?

3) 여러분이 민수라면 어떻게 하겠습니까?

새 단어

Vocabulary

이모(姨母)	어머니의 언니나 여동생 mother's sister
-(으)ㄴ/는 데다가	-(으)ㄴ/는 것뿐만 아니라 in addition to
집안	a family, a clan
칭찬(稱讚)하다	잘한다고 말하다 to praise
인상(印象)	무엇을 직접 보거나 듣거나 겪어서 그것이 마음에 주는 느낌 impression
인간성(人間性)	human nature, humanity
재산(財産)	개인이나 단체가 가진 경제적 가치가 있는 모든 것 an estate, total assets
한편(便)	다른 면에서는 while, on the other hand
바가지	물을 푸거나 물건을 담는 그릇 a dipper
긁다	(손톱 등으로) 무엇의 표면을 문지르다 to scratch
식다	차가워지다 to get colder
빠지다	제자리에서 밖으로 나오다 to come out, to fall out
혹시(或是)	만약에 possibly, by (some) chance
사투리	어떤 지방에서 쓰는 표준어가 아닌 말 a provincial dialect
자꾸	계속해서 여러 번 frequently, repeatedly
관용어(慣用語)	그 사회에서 자주 쓰이는 표현 an idiom, an idiomatic expression
속담(俗談)	옛날부터 내려오는 민간의 격언 a proverb, a (common) saying
양다리(兩-)	양쪽 다리
걸치다	어떤 물체를 다른 물체에 얹어 놓다
파뿌리	백발(白髮)을 비유적으로 이르는 말 gray hair
깨	sesame
쏟아지다	한꺼번에 많이 떨어지다 to pour out
앞두다	목적까지 일정한 시간이나 거리를 남겨 놓다 to have (a period, a distance) ahead
고민(苦悶)	마음속으로 괴로워하고 애를 태움 agony, worry
가슴	the breast, the chest, heart
떨리다	몸이나 몸의 일부가 자꾸 흔들리다 to shake
설레다	마음이 가라앉지 않고 들떠서 두근거리다 to have a throb (of joy) in one's heart, to feel a stir in one's heart
운명(運命)	모든 것을 지배하는 초인간적인 힘에 의해 이미 정해져 있는 것 destiny
눈치(를) 채다	남의 마음이나 사정을 재빨리 미루어 깨닫다 to sense, to take the hint
진실(眞實)하다	거짓이 없이 참되고 바름 to be true, to be real
감정(感情)	어떤 현상이나 일에 대해 일어나는 마음이나 느낌 feeling, emotion

8과 한국말을 잘한다면서 칭찬해요

CD 1 TRACK 15

준석　: 바바라 씨, 한국에 온 지 얼마나 됐지요?

바바라 : 벌써 일 년이 다 되었네요. 더듬거리면서 한국말을 배우기 시작한 것이 엊그제 같은데.

수지　: 맞아요. 세월이 참 빠른 것 같아요.

준석　: 서울에 처음 도착했을 때 첫인상이 어땠어요?

바바라 : 우선 많은 아파트 촌과 자동차로 가득한 도로를 보고 놀랐어요. 내가 상상했던 것과는 너무 달라서요.

수지　: 저는 서울에 아직도 남아 있는 아름다운 한옥이 참 인상 깊었어요.

바바라 : 그래요. 서울은 옛날 집과 현대식 건물이 잘 어울려 있는 도시인 것 같아요.

준석　: 그동안 한국 사람들로부터 질문도 많이 받았지요?

수지　: 내가 한국어로 말하면 한국말을 어디에서 배웠냐면서 궁금해해요. 외국인이 한국말을 하는 것이 신기한 모양이에요.

바바라 : 저는 "왜 한국말을 공부하세요?"나 "왜 한국에 오셨어요?" 같은 질문을 많이 받았어요.

수지　: 또 몇 살이냐든지 결혼은 했느냐든지 하는 질문을 받을 때도 있는데 그런 때는 정말 당황하게 돼요.

준석　: 그래요. 한국 사람들은 처음 만난 사람에게도 그런 질문을 많이 하지요. 그렇지만 그걸 기분 나쁘게 생각하지 마세요. 관심의 표현이니까요.

바바라 : 그렇군요.

단어

더듬거리다	아파트 촌	한옥	★ 유창하다	정신	기대하다
엊그제	가득하다	현대식	다행이다	시설	조사하다
세월	상상하다	당황하다	쏜살같다	작문	

문법과 표현

Expressions

① A/V-다/자/냐/라면서

한국말을 유창하게 잘한다면서 칭찬해서 기분이 좋았어요.
마이클 씨가 같이 공원에 가자면서 전화했어요.
내 동생은 누가 자기 옷을 입고 나갔냐면서 화를 냈어요.
아무도 안 다쳐서 다행이라면서 기뻐했어요.

② V-(으)ㄴ 것이 엊그제 같다

고등학교를 졸업한 것이 엊그제 같은데 벌써 10년이 지났네요.
이번 학기를 시작한 것이 엊그제 같은데 내일이 졸업식이군요.
한국에 처음 와서 당황해하던 것이 엊그제 같은데.

③ 세월이 (쏜살같이) 빠르다[지나가다]

계절이 바뀌는 걸 보니 세월이 정말 빠르네요.
세월이 쏜살같이 지나갔어요.
정신없이 일하다 보면 세월이 더 빨리 지나가는 것 같아요.

④ N(으)로 가득하다

지갑이 동전으로 가득해서 무거워요.
부엌이 음식으로 가득한 걸 보니 손님이 오시는 모양이군요.
영화를 보러 갔는데 극장 앞이 사람들로 가득해서 그냥 집으로 돌아왔다.

⑤ A/V-(으)/느냐든지 A/V-(으)/느냐든지

한국말이 어려우냐든지 한국말을 왜 배우느냐든지 하는 질문을 많이 받았어요.

어머니는 제 여자 친구가 얼굴은 예쁘냐든지 공부는 잘하느냐든지 하는 질문을 하면서 귀찮게 했어요.
저는 호텔을 예약할 때 아침 식사가 포함되느냐든지 운동 시설이 있느냐든지를 꼭 물어봐요.

A/V-았/었(느)냐든지 A/V-았/었(느)냐든지

방학 동안 여행을 갔었다고 했더니 재미있었냐든지 날씨는 좋았냐든지 여러 가지를 물었어요.
결혼은 했느냐든지 왜 안 했느냐든지 하는 질문을 받으면 정말 곤란해요.
왜 저녁을 안 먹었냐든지 왜 그냥 왔냐든지 하면서 걱정했어요.

Exercise

연습

① 본문을 잘 읽고 대답하세요.

1) 바바라는 한국에 온 지 얼마나 되었습니까?
2) 바바라는 처음 한국에 왔을 때 왜 놀랐습니까?
3) 수지는 서울에서 무엇이 인상적이었습니까?
4) 수지와 바바라는 한국 사람들로부터 어떤 질문을 많이 받았습니까?
5) 준석이의 말에 의하면 한국 사람들은 왜 외국인에게 질문을 많이 한다고 합니까?

② 문장을 완성하세요.

1) 보기에서 알맞은 단어를 골라 ______에 넣으세요.

도로	세월	엊그제	칭찬	한옥	현대식

① 서울에는 아직도 전통적인 ______이/가 남아 있습니다.
② 대학교를 졸업한 것이 ______ 같은데 벌써 10년이 지났어요.

③ 요즘은 전보다 .... 이/가 더 빨리 간다고 느껴져요.
④ 어제는 작문 숙제를 잘했다고 선생님께 .... 을/를 받았어요.
⑤ 어디든지 큰 도시에는 .... 건물이 많은 것 같다.
⑥ 출퇴근 시간에는 자동차들이 많아서 .... 이/가 주차장 같다.

2) 보기에서 알맞은 단어를 골라 ...... 에 맞게 쓰세요.

가득하다 다행이다 당황하다 더듬거리다 상상하다 어울리다

① 처음에 한국에 왔을 때는 .... 면서 한국말을 했어요.
② 그 옷에는 빨간 구두가 .... (으)ㄹ 것 같아요.
③ 그렇게 큰 사고가 났는데 많이 안 다쳐서 정말 .... 요.
④ 그 사람을 만나 보니 .... 았/었던 것보다 훨씬 예쁘더군요.
⑤ 갑자기 기대하지 않은 질문을 해서 너무 ....
⑥ 도로가 자동차와 사람들로 ....

③ 다음 대화를 완성하세요.

1) 가 : 내년 봄에 졸업하지요?
   나 : 그래요. .... 이/가 엊그제 같은데.
2) 가 : 어떤 질문이 대답하기 어려운가요?
   나 : .... 냐든지 .... 냐든지 하는 질문이 대답하기 어려워요.
3) 가 : 그 사람 오늘 무슨 일이 있나요?
   나 : 글쎄요. .... 다/라면서 ....
4) 가 : 어떨 때 당황하게 돼요?
   나 : .... (으)ㄹ 때가 있는데 그럴 때는 .... 게 돼요.

CD 1 TRACK 16

④ 김 선생님과 이 선생님의 대화입니다. 잘 듣고 대답하세요.

1) 김 선생님은 왜 기분이 나빴습니까?
   ① 자기에게 질문을 많이 해서
   ② 조사하는 사람들이 마음대로 표시해서
   ③ 학교에 못 가서

2) 조사하는 사람들은 종이에 뭐라고 표시했을까요?

◆ 성별 : 여자 (O) / 남자 (   )
◆ 직업 : 주부 (   ) / 회사원 (   ) / 선생님 (   ) / 기타 (   )
◆ 질문 : 서울공원을 짓는 것에 대해서 어떻게 생각하십니까?
① 짓는 것이 좋다 (   )
② 짓지 않아야 한다 (   )
③ 잘 모르겠다 (   )

⑤ 친구와 같이 이야기해 봅시다.

1) 세월이 빨리 간다고 느낄 때는 언제입니까?

2) ① 한국 사람들이 어떤 질문을 했을 때 당황했습니까?
② 그런 질문에 어떻게 대답했습니까?

3) 한국에 도착했을 때 첫인상이 어땠습니까?

사람 / 모습	나			
공항				
사람들				
서울대학교 (언어교육원)				

새 단어

Vocabulary

더듬거리다	잘 모르는 일을 생각해 가면서 말하다 to stammer
엊그제	이삼 일 전, 며칠 전 a few days ago
세월(歲月)	지나가는 시간 time
아파트 촌(村)	많은 아파트로 마을을 이루고 있는 모양 apartment complex
가득하다	분량이나 수효가 한도에 차다 to be full up
상상(想像)하다	머릿속으로 그려서 생각하다 to imagine
한옥(韓屋)	한국식 집
현대식(現代式)	현대의 유행이나 분위기에 맞는 형식 to be modern
당황(唐慌)하다	너무 놀라서 어떻게 해야 할지 모르다 to be confused, to be embarrassed
유창(流暢)하다	글을 읽거나 말을 할 때 막히지 않고 자연스럽게 하다 to be smooth, to be fluent
다행(多幸)이다	일이 잘 되어서 좋다 to be fortunate
쏜살같다	아주 빠르다 to be swift (especially time)
정신(精神)	사고나 감정을 조절하는 인간의 마음 mind
시설(施設)	이용할 수 있는 장치 equipment
작문(作文)	글을 씀, 자기의 감상이나 생각을 글로 씀 writing, composition
기대(期待)하다	어떤 일이 일어날 것이라고 생각하고 기다리다 to expect
조사(調査)하다	자세히 살펴보다 to survey, to investigate

9과 친한 친구도 가족처럼 생각해요

CD 1 TRACK 17

수지와 바바라는 길지 않은 한국 생활에서 경험하고 느낀 것이 흥미롭고 즐겁다. 그들은 한국 사람들의 친절한 마음씨에서 좋은 인상을 받았다. 여러 가지 괴로웠던 일과 즐거웠던 일들이 고향에 돌아가서도 좋은 추억이 될 것 같다. 어제도 수지와 바바라는 재미있는 경험을 했다.

바바라 : 어제는 수지와 함께 하숙방을 구하러 돌아다녔어요.

수지 : 부동산에 가서 아저씨한테 독방을 두 개 구한다고 했어요. 그랬더니 왜 친구인데 한 방을 쓰지 않느냐면서 우리를 이상하게 쳐다봤어요.

준석 : 하하. 한국 사람들은 친한 친구도 가족처럼 생각하니까 방도 같이 쓸 수 있다고 생각하거든요.

바바라 : 우리는 개인의 자유와 사생활을 더 중요하게 여기는 관습 속에서 자랐기 때문에 그런 생각은 이해하기 힘들어요.

수지 : 그리고 한국 사람들은 주말에 혼자 자신만의 시간을 갖기보다는 다른 사람들과 함께 지내기를 더 좋아하는 것 같아요.

바바라 : 또 한국 사람들은 정이 많은 것 같아요. 조금만 친해지면 아주 가까운 사람처럼 대해 줘요.

단어

흥미롭다	개인	관습	대하다
추억	자유	자라다	
돌아다니다	사생활	자신	
독방	여기다	갖다	

수지　: 맞아요. 지난번에 제가 아팠을 때 하숙집 아주머니께서 친어머니처럼 저를 보살펴 주시더군요. 저는 그때 고향에 계신 어머니 생각이 나서 아주머니에게 정말 고마움을 느꼈어요.

바바라 : 그렇게 가깝게 대해 주시는 것도 좋지만 어떤 때는 정말 부담이 돼요.

친어머니	★ 정의롭다	옳다
보살피다	고통	예절
부담	판단하다	

Expressions

문법과 표현

① N-롭다

나는 자유로운 새처럼 되고 싶어요.
그 사람은 정의롭게 살다가 죽었어요.
그 평화로운 마을에서 끔찍한 사건이 일어났다.

② 그랬더니

배가 아프다고 했어요. 그랬더니 이 약을 주었어요.
어머니가 나갔어요. 그랬더니 아이가 울기 시작했어요.
결혼하자고 했어요. 그랬더니 갑자기 화를 냈어요.

* 결혼을 축하한다고 했어요. 그렇게 말했더니 영숙 씨가 기뻐했어요.
쉬면서 음악을 들었어요. 그렇게 했더니 기분이 좋아졌어요.

③ N을/를 A-게 여기다

그 사람은 사생활을 아주 중요하게 여깁니다.
우리는 다른 사람의 고통은 가볍게 여기기 쉽다.
내 말을 너무 기분 나쁘게 여기지 마세요.

N을/를 N(으)로 여기다

나를 바보로 여기지 마세요.
내 말을 농담으로 여기면 곤란해요.
그분은 제 형을 제 동생으로 여긴 것 같아요.

④ V-는 관습[습관, 사고방식]

여자들만 집안일을 하는 관습은 고쳐야 해요.
그 사람은 밥 먹은 후에 담배를 피우는 습관이 있어요.
나만 잘 살면 된다는 사고방식은 버려야 해요.

⑤ A/V-더군(요)

지난번 시험은 생각보다 어렵지 않더군요.
지난 주말에 민석 씨 집에 갔는데 민석 씨 여동생이 정말 예쁘더군요.
아까 마이클 씨와 점심을 먹었는데 마이클 씨는 매운 음식도 잘 먹더군요.

연습

Exercise

① 본문을 잘 읽고 대답하세요.

1) 수지와 바바라는 어제 무엇을 했습니까?
2) 수지와 바바라는 어떤 방을 원합니까?
3) 한국 사람들은 주말에 어떻게 지내는 것을 좋아합니까?
4) 수지는 하숙집 아주머니가 잘 보살펴 주셨을 때 누구 생각이 났습니까?
5) 바바라는 너무 가깝게 대해 주면 기분이 어떻다고 했습니까?

② 1) 보기에서 알맞은 단어를 골라 ______에 넣으세요.

경험	독방	마음씨	사생활	인상	자유	추억

① 개인의 ______와/과 ______이/가 가장 중요한 것이라고 생각해요.
② 저는 무엇보다도 ______이/가 착한 사람이 좋습니다.
③ 그 사람의 ______만으로 사람을 판단하는 것은 옳지 않은 것 같습니다.
④ 아무리 많이 배워도 ______이/가 없는 사람은 생각이 깊지 않은 것 같습니다.
⑤ 사람마다 어렸을 때의 아름다운 ______이/가 있지요.
⑥ ______은/는 혼자 쓰니까 편하기는 하지만 비싸요.

2) 보기에서 알맞은 단어를 골라 ______에 맞게 고쳐 쓰세요.

대하다	보살피다	부담이 되다	여기다	흥미롭다

① 제가 가장 중요하게 ______는 것은 자기 일을 열심히 하는 거예요.
② 남대문시장에서 물건을 파는 사람들의 모습은 ______요.
③ 그 사람이 저에게 너무 친절하게 해 줄 때는 아주 ______요.
④ 그분은 고향의 부모님처럼 저를 ______ 주시는 분입니다.
⑤ 그분은 언제나 저를 아이처럼 ______서 그분 앞에서는 제가 아이가 된 것 같아요.

3 다음 문형을 이용해서 대답하세요.

그랬더니	A/V-더군요
N을/를 N(으)로 여기다	V-는 습관

1) 가 : 바바라 씨, 어제 박물관에 잘 다녀왔어요?
나 : ______________________.
2) 가 : 마이클 씨는 아침에 일어나면 제일 먼저 무엇을 해요?
나 : ______________________.
3) 가 : 하숙집 아주머니가 참 친절하신 것 같아요.
나 : ______________________.
4) 가 : 무슨 일이 있나요?
나 : 약속을 잊어버리고 친구에게 연락을 못했어요.
______________________.

CD 1 TRACK 18

4 준석이와 지연이의 대화입니다. 잘 듣고 맞는 것을 찾으세요.

1) ① ② ③

2) ① ② ③

3) ① (   )
② (   )

5 같이 이야기해 봅시다.

1) 한국에서의 경험

2) 한국의 관습과 여러분 나라의 관습을 비교해 봅시다.

	한국			
가족				
결혼				
예절				

Vocabulary

새 단어

흥미(興味)롭다	재미를 느낄 만하다	to be interesting
추억(追憶)	지나간 일을 돌아보며 생각함	a memory
돌아다니다	여기저기 다니다	to wander about, to go about
독방(獨房)	혼자 쓰는 방	a single room
개인(個人)	단체 안의 하나의 사람	an individual
자유(自由)	자기 마음대로 행동하는 일	freedom
사생활(私生活)	개인의 생활	one's private life
여기다	마음속으로 그렇게 생각하다	to think, to consider
관습(慣習)	한 사회에서 오랫동안 습관화된 질서나 규칙	a custom
자라다	커지다	to grow up
자신(自身)	자기	oneself
갖다	가지다	to have
대(對)하다	상대하다	to face, to treat
친(親)어머니	자기를 낳은 어머니	one's natural mother
보살피다	어린이나 가난한 사람을 돌봐 주다	to take care of
부담(負擔)	어떤 일에 대하여 의무나 책임이 있음	a burden
정의(正義)롭다		to be righteous
고통(苦痛)	아픔	pain
판단(判斷)하다		to judge, to estimate
옳다	틀리지 않다	to be right, to be correct
예절(禮節)	예의	manners

10과 백성들의 도움으로 살아나곤 했대요

CD 1 TRACK 19

1392년 고려가 망하고 조선이 세워진 후에 처음 1세기 동안은 나라가 발전되고 정치가 안정되었다. 조선 시대에 들어와서 지배 계급인 양반이 국가의 발전을 위해 많은 노력을 한 덕분에 조선 초에는 백성들 모두가 편안하게 지냈다. 그러나 16세기 초부터 양반들은 권력을 함부로 사용하기 시작했다. 더군다나 그들은 백성들을 위해서 일하기보다는 자신들의 재산을 모으는 데만 열중하였다. 백성들은 점점 살기가 어려워져서 고향을 버리고 돌아다니거나 산속에 들어가서 도둑이 되는 경우가 많이 있었다. 임꺽정이라는 의적이 나타난 것은 바로 이러한 때였다.

단어

-곤 하다	안정되다	양반	권력	의적
고려	시대	국가	함부로	
조선	지배	덕분	열중하다	
세기	계급	초	경우	

마이클 : 준석 씨, 임꺽정이라는 조선 시대의 의적에 대해서 아세요?

준석 : 그럼요. 아마 한국 사람들이라면, 누구든지 임꺽정에 대해서 들어 봤을 걸요.

마이클 : 어떤 사람이었는데요?

준석 : 그는 원래 천민 출신이었는데 비록 무식하기는 했지만 아주 힘이 세고 정의로운 사람이었다고 해요.

마이클 : 그런데 어떻게 해서 도둑이 되었어요?

준석 : 가난한 사람들을 돕기 위해서 도둑이 되었다고 해요.

마이클 : 어떻게 도와주었는데요?

준석 : 부자들의 물건을 훔쳐다가 가난한 사람들에게 나누어 주었대요.

마이클 : 위험하지 않았을까요?

준석 : 물론 위험했겠지요. 몇 번이나 잡혀서 죽을 뻔했는데 백성들의 도움으로 살아나곤 했대요. 그러나 결국은 잡혀서 사형을 당하고 말았지요.

마이클 : 어려운 백성들이 잘 살 수 있는 사회를 만들어 보려던 꿈을 이루지 못하고 죽었군요.

원래	-아/어다(가)	당하다	★ 짜다
천민	나누다	이루다	해고
비록	결국		목적
무식하다	사형		

문법과 표현

Expressions

① V-곤 하다

나는 가끔 피곤해서 버스에서 자곤 해요.
시험 공부할 때 밤을 새우곤 했어요.
어머니는 돌아가신 할머니를 생각하시고 가끔 울곤 하십니다.

② N(에) 들어와서

20세기에 들어와서 여러 나라에서 전쟁이 났습니다.
이번 달에 들어와서 청첩장을 세 장이나 받았어요.
올해 들어와서 할아버지가 두 번이나 쓰러지셨어요.

③ N 덕분에[으로]

선생님 덕분에 이제 한국말을 잘하게 되었어요.
저는 부모님 덕분에 건강하게 공부하고 있습니다.
친구들 덕분으로 고생을 안 하고 잘 지냅니다.

V-(으)ㄴ/는 덕분에[으로]

선생님이 도와주신 덕분에 잘하게 되었어요.
부모님이 걱정해 주시는 덕분에 건강합니다.
장학금을 받은 덕분으로 계속 공부할 수 있었습니다.

④ V-는 데(에) 열중하다[열중이다]

이야기하는 데에 열중해서 설명을 못 들었어요.
책 읽는 데 열중해서 정류장을 지나갔어요.
철수는 공부는 안 하고 노래 부르는 데에 열중이에요.

⑤ A/V-(으)ㄴ/는 경우가 (많이) 있다[없다]

옷이 생각보다 비싼 경우가 많이 있어요.
선생님도 틀리는 경우가 가끔 있어요.
은행은 제시간에 안 여는 경우가 없어요.

A/V-(으)ㄴ/는/(으)ㄹ 경우(에)(는)

음식이 너무 짠 경우 물을 더 넣으세요.
혼자 쓰는 경우에는 하숙비를 더 내야 해요.
옷이 맞지 않을 경우에는 바꿔 드려요.

⑥ 비록 A/V-지만

이 선생님은 비록 나이가 많지만 생각은 젊은이 같아요.
이 집은 비록 오래되었지만 어려서부터 살아서 이사 가고 싶지 않아요.
나는 비록 작은 집에서 가난하게 살지만 마음만은 부자예요.

⑦ V-아/어다(가)

도서관에서 책을 빌려다가 읽었어요.
시장에 가는 길에 과일 좀 사다 주세요.
케이크를 만들어다 친구에게 선물로 주었다.

⑧ N을/를 당하다

철수가 그 사람에게 유괴를 당했다. (그 사람이 철수를 유괴했다.)
그는 젊은 사장에게 해고를 당했다. (젊은 사장은 그를 해고했다.)
내 친구는 어제 교통사고를 당했어요.

연습
Exercise

① 본문을 잘 읽고 대답하세요.

1) 조선 초에 양반들은 백성들을 위해 어떻게 했습니까?
2) 임꺽정이 나타났을 때의 조선 사회는 어땠습니까?
3) 임꺽정은 어떤 사람이었습니까?
4) 그는 가난한 백성들을 어떻게 도와주었습니까?
5) 그가 이루어 보려던 꿈은 무엇이었습니까?
6) 백성들은 임꺽정을 좋아했습니까?

② 보기와 같이 연습해 봅시다.

1) 수영을 잘하다
가 : 어떻게 그렇게 수영을 잘하게 되었어요?
나 : 매일 연습한 덕분에 이렇게 잘하게 되었어요.

① 한국말을 잘하다
② 김치를 잘 담그다
③ 몸이 건강하다
④ 넓은 아파트로 이사하다
⑤ 좋은 하숙집을 구하다
⑥ ....

2) 비가 오면 어떻게 해요? ⇒ 택시를 타곤 해요.

① 운전을 할 때 길을 모르면 어떻게 해요? ⇒
② 시내에 갈 때 어디에 자주 들러요? ⇒
③ 요즘 어떤 꿈을 자주 꿉니까? ⇒
④ 일요일에 날씨가 좋으면 무엇을 해요? ⇒
⑤ ....? ⇒

3) 사다
가 : 저 지금 슈퍼에 가는데 뭐 부탁할 것 없어요?
나 : 그럼, 우유 하나만 사다 주세요.

① 빌리다
가 : 어제 뭐 했어요?
나 : 도서관에서 ....

② 사다
가 : 배가 고프네요.
나 : 저도 그래요. ______________________________.

③ 훔치다
가 : 의적이 뭐예요?
나 : 부자들의 물건이나 돈을 ______________________.

④ 만들다
가 : 이 케이크 맛있네요. 미영 씨가 만들었어요?
나 : 아니에요. ______________________________.

3 다음의 표현을 써서 질문에 대답하세요.

덕분에	함부로	당하다	비록 A/V-지만
A/V-(으)ㄹ 경우에(는)		원래	N에 열중하다

1) 한국어 공부가 힘들 텐데 계속할 거예요?

____.

2) 옆집 아저씨가 회사에도 못 나가시고 누워 계시다면서요?

____.

3) 임꺽정은 처음부터 부자들의 물건을 훔쳤나요?

____.

4) 정류장을 벌써 지났는데 아직도 모르고 있었어요?

____.

5) 지난 주일에 이사를 했다던데 힘들었지요?

____.

6) 사람들이 건강에 관심이 많아지면서 약을 많이 먹는다면서요?

____.

7) 아침에 차가 막히곤 하던데 어떻게 9시까지 학교에 가세요?

____.

CD 1 TRACK 20

④ 의사와 환자의 대화입니다. 잘 들으세요.

1) ①　　　　②　　　　③

2) 의사는 이 여자에게 무엇을 해 보라고 했습니까? 모두 골라 ✓ 하세요.

① 운동하세요	(　　)	② 운전하세요	(　　)
③ 우세요	(　　)	④ 개를 키우세요	(　　)
⑤ 주무세요	(　　)	⑥ 약을 드세요	(　　)
⑦ 참으세요	(　　)	⑧ 남편에게 열중하세요	(　　)
⑨ 혼자 사세요	(　　)	⑩ 저에게 전화하세요	(✓)

CD 1 TRACK 20

⑤ 다음을 듣고 맞으면 O, 틀리면 X 하세요.

1) (　　)
2) (　　)

⑥ 이야기해 봅시다.

1) 다른 나라에도 임꺽정과 같은 사람이 있었습니까? 책에서 읽었거나 여러분 나라의 이야기를 들은 적이 있으면 친구들에게 얘기해 주세요.

질문 \ 나라			
언제 살았던 사람입니까?			
어떤 사람이었습니까?			
결국 어떻게 되었습니까?			

2) 임꺽정과 같이 좋은 목적을 위해서 물건이나 돈을 훔치는 것에 대해서 어떻게 생각합니까?

⑦ 그림을 보고 이야기해 보세요.

새 단어

Vocabulary

-곤 하다	자주 하다 to do frequently
고려(高麗)	918년~1392년까지 한반도에 있던 나라
조선(朝鮮)	1392년~1910년까지 한반도에 있던 나라, 근세 조선
세기(世紀)	100년, 시대 a century
안정(安定)되다	편하고 조용하다 to be at rest
시대(時代)	역사적으로 구분된 기간 a period, an age
지배(支配)	다스림 ruling over, domination
계급(階級)	지위·직업·재산 등이 비슷한 집단 a class
양반(兩班)	조선 시대의 상류 계급 the Yangban, the aristocratic class
국가(國家)	나라 a country, a nation
덕분(德分)	고맙게 도와줌
초(初)	처음, 초기 the beginning (of)
권력(權力)	지배자가 갖는 사회적인 힘 power, authority
함부로	생각 없이 마구, 되는 대로 rashly, thoughtlessly
열중(熱中)하다	한 가지 일에 정신을 쓰다 to become absorbed in
경우(境遇)	만나게 되는 사정이나 형편 an occasion, a case
의적(義賊)	의(義)로운 도둑 a Robin Hood
원래(元來)	originally
천민(賤民)	지위가 낮고 천한 백성 the lowly people
비록	even though
무식(無識)하다	교육받지 않았다 to be ignorant, to be uneducated
-아/어다(가)	어떤 일을 하고 그 일의 결과를 가지고 다른 곳으로 가는 것을 나타내는 표현
나누다	to divide
결국(結局)	마침내, 드디어 in the end
사형(死刑)	death penalty
당(當)하다	to suffer, to be faced with
이루다	꿈이나 목적을 그대로 되게 하다 to accomplish, to achieve
짜다	to be salty
해고(解雇)	고용주가 직원을 그만두게 함 discharge, dismissal
목적(目的)	이룩하려고 하는 목표나 방향 a purpose

11과 지역에 따라 차이를 보였습니다

CD 1 TRACK 21

서울의 고등학생 가운데 반 이상이 과외를 하고 있고, 한 달 평균 과외 비용은 25만 원인 것으로 조사되었습니다. 김정수 기자의 보도입니다.

최근 한 연구소가 서울의 고등학교 남학생 1,200명을 대상으로 조사한 것을 보면 3학년 학생 가운데 49%, 2학년 학생 가운데 52.8%가 과외 수업을 받는 것으로 나타났습니다. 서울 고등학생의 반 이상이 과외를 하고 있는 셈입니다.

지역별로는 강남구와 서초구 같은 강남 지역 학생들은 69%가 과외를 받고 있으나, 노원구와 중랑구 같은 강북 지역 학생들은 39%밖에 안 되어 지역에 따라 차이를 보였습니다.

한 달 과외 비용은 평균 25만 원으로, 고등학교 3개월 등록금 15만 2천 원에 비하면 상당히 많은 편입니다. 또 이 금액은 도시 근로자의 한 달 월급의 23%가 되므로 과외비가 심각한 문제가 된다는 것을 알 수 있습니다. 실제로 50% 이상의 부모가 과외를 시키는 것이 힘들다고 말했습니다.

EBC, 김정수였습니다.

단어

가운데	나타나다	상당히	★ 대부분	주택	세면도구	엎드리다	적당하다
과외	-(으)ㄴ/는 셈이다	근로자	입시	심부름	휴대폰	통계	보름
기자	구	-(으)므로	제도	실시하다	카세트	시기	
보도	강남	실제로	원하다	결과	자장면	단위	
대상	강북	시키다	서비스	응답자	초등학교	취업	

문법과 표현

Expressions

① (N에 따라) N(에) 차이를 보이다[차이가 있다, 차이가 나다]

나이에 따라 사고방식에 차이를 보인다.
김치는 지방에 따라 맛에 차이가 있다.
아이들과 어른은 기차 요금에 차이가 납니다.

② N 가운데

서울 시민 가운데 반 이상이 고향으로 내려갔어요.
환경 문제 가운데 쓰레기가 가장 큰 문제군요.
양반들 가운데 함부로 권력을 사용하는 사람이 많았습니다.

* 이름을 가운데 써 주세요.
가운데 앉으면 잘 보여요.

③ A/V-(으)ㄴ/는 것으로 나타나다[조사되다]

강남 지역의 커피 값이 강북 지역에 비해 30% 비싼 것으로 나타났습니다.
대부분의 부모들은 새로운 입시 제도에 반대하는 것으로 조사되었습니다.
서울 시민의 반 이상은 전셋집에 살고 있는 것으로 나타났다.

④ N을/를 대상으로 조사하다[연구하다]

일반 음식점을 대상으로 음식 값을 조사했어요.
대학생들을 대상으로 원하는 직업을 조사했다.
어린이를 대상으로 발음에 대해서 연구했습니다.

⑤ A/V-(으)ㄴ/는 셈이다

이 자동차가 가격은 싸지만 기름이 많이 들기 때문에 저 자동차보다 비싼 셈이다.
오늘이 12월 23일이니 올해도 다 간 셈이다.
이 식당의 음식 값은 맛과 서비스를 생각하면 별로 비싸지 않은 셈이다.

6 A/V-(으)므로

서울은 주택이 부족하므로 아파트를 더 지어야 한다.
경제 사정이 나빠졌으므로 취직하기도 어려워질 것이다.
쓰레기를 많이 버리므로 환경이 나빠집니다.

* 경제 사정이 나빠졌기 때문에 취직하기도 어려워질 것이다.
쓰레기를 많이 버리기 때문에 환경이 나빠집니다.

7 N을/를 시키다

동생에게 심부름을 시켰어요.
누가 그 일을 시켰어요? - 박 선생님께서 시키셨어요.
저 학생은 키가 커서 농구를 시키면 좋겠어요.

V-(으)라고 시키다

어머니는 나에게 약을 사 오라고 시키셨어요.
친구가 꽃을 사라고 시키더군요.
선생님이 책을 읽으라고 시키셨어요.

연습

Exercise

1 본문을 잘 읽고 대답하세요.

1) 서울의 고등학생 가운데 몇 %가 과외를 하고 있습니까?
2) 과외 받는 학생을 학년별로 비교해 보세요.
3) 지역별로는 어떤 결과가 나타났습니까?
4) 한 달 과외 비용과 다른 비용을 비교해 보세요.
5) 왜 과외비가 심각한 문제가 됩니까?

CD 1 TRACK 22

② 다음은 서울의 어느 백화점에서 실시한 조사 결과입니다. 잘 듣고 질문에 답하세요.

1) '휴가 갈 때 세 가지만 가져갈 수 있다면?' 이라는 질문에 대한 여성 응답자들의 대답으로 맞는 것은 어느 것입니까?

①

돈	36%
세면도구	38%
휴대폰	34%

②

돈	38%
세면도구	36%
휴대폰	34%

③

돈	34%
세면도구	36%
휴대폰	38%

2) '누구와 같이 갈 것인가?' 라는 질문에 대한 여성 응답자들의 대답으로 맞는 것은 어느 것입니까?

①

친구	45%
애인	32%
가족	27%

②

친구	45%
애인	10%
가족	32%

③

친구	45%
애인	10%
가족	27%

③ 잘 읽고 대답하세요.

1) 영자는 카세트 녹음기를 25,000원 주고 한 달 전에 샀다. 그런데 벌써 두 번이나 고장이 나서 수리비만 10,000원도 더 들었다. 영철이는 30,000원 주고 1년 전에 산 카세트 녹음기가 아직 한 번도 고장이 안 났다. 그럼 누가 싸게 산 셈일까?

2) 형기는 유치원에 다니는 동생과 자장면을 먹었다. 한 그릇을 나누어 먹었는데 둘이 반반 똑같이 먹었다. 형기는 초등 학교 6학년이다. 누가 더 많이 먹은 셈일까?

3) 시험공부를 하던 마이클과 준석이는 너무 피곤해서 잠깐 자게 되었다. 준석이는 책상에 엎드려서 1시간을 잤고 마이클은 침대에 누워서 30분을 잤다. 누가 더 잘 잔 셈일까?

④ 왼쪽 그림과 오른쪽 통계 결과를 보고 신문 기사를 만들어 보세요.

〈첫 배낭여행 시기〉

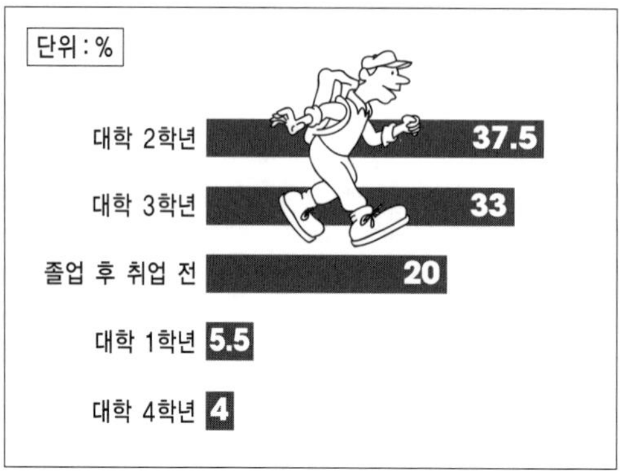

〈적당한 여행 기간〉

한 달 (61%)
한 달 이상 (17%)
보름 정도 (8%)

⑤ 친구들을 대상으로 자기가 알고 싶은 것을 조사해 보세요.

조사 내용 / 이름			

⑥ 위 조사 결과를 보고 기사를 써 보세요.

새 단어

Vocabulary

가운데	–중에　among
과외(課外)	학교 공부 외에 따로 하는 것　extracurricular study
기자(記者)	신문, 잡지나 뉴스의 글을 쓰는 사람　a journalist
보도(報道)	나라 안팎의 일을 알려 줌　a report
대상(對象)	행동의 목표가 되는 것　the object
나타나다	나와서 눈에 보이다　to appear
–(으)ㄴ/는 셈이다	–(으)ㄴ 것과 마찬가지다　to count as, to be the same
구(區)	a district
강남(江南)	서울에서 한강의 남쪽　the south of Han River
강북(江北)	서울에서 한강의 북쪽　the north of Han River
상당(相當)히	꽤, 매우　very, fairly
근로자(勤勞者)	정해진 시간 동안 일하는 사람　a worker
–(으)므로	–기 때문에, –(으)니까　because
실제(實際)로	사실, 진짜로　actually
시키다	하게 하다　to make a person do
대부분(大部分)	반이 넘는, 거의 모두　most
입시(入試)	입학시험　an entrance examination
제도(制度)	a system
원(願)하다	바라거나 청하다　to wish, to want
서비스	service
주택(住宅)	집　a house, housing
심부름	다른 사람에게 일을 해 오도록 시키는 것　an errand
실시(實施)하다	실제로 행하게 하다　to execute, to enforce
결과(結果)	a result
응답자(應答者)	물음에 대답하는 사람　a respondent
세면도구(洗面道具)	세수하는 데 쓰는 여러 가지 도구
휴대(携帶)폰	a cellular phone
카세트	a cassette
자장면	중국 된장에 볶은 국수　noodles with bean sauce
초등학교(初等學校)	7살부터 12살까지 다니는 학교　an elementary school
엎드리다	배를 바닥에 붙이거나 팔다리를 짚고 몸 전체를 길게 뻗다 to lie (with one's) face down
통계(統計)	statistics
시기(時期)	정해진 때　the time
단위(單位)	a unit
취업(就業)	직업을 얻음　getting a job

적당(適當)하다 알맞다 to be proper

보름 15일, 15일 동안 the fifteenth day, fifteen days

12과 어떻게 생각하느냐에 따라 다르지

CD 1 TRACK 23

옛날 어느 산골에 우씨네와 허씨네가 살고 있었는데, 두 집 모두 아들이 둘씩 있었다. 우씨네와 허씨네의 큰아들은 부채를 만들어 팔고, 작은아들은 우산을 팔아 생계를 이어 나갔다. 그런데 우씨네는 큰아들과 작은아들 걱정에 언제나 한숨만 쉬었다. 비가 오는 날에는 부채를 팔러 나간 큰아들이 사람들한테 놀림을 받을 것이고, 해가 나는 날에는 우산을 팔러 나간 작은아들이 사람들에게 웃음거리가 될 것이라고 생각하기 때문이었다. 그러나 옆집 허씨네는 항상 웃음소리가 끊이지 않았다. 비가 오는 날은 우산을 팔고 있는 작은아들이 신날 것이고, 해가 나는 날은 큰아들이 부채를 많이 팔 수 있을 것이라는 생각을 하면 기쁘지 않을 수 없었다. 허씨네는 비가 오나 해가 나나 함박웃음이 터지고, 우씨네는 비가 와도 해가 나도 마음이 어두운 이유는 무엇일까?

* * *

민석 : 이제 대학 입학시험이 한 달밖에 안 남았어.

지영 : '한 달밖에' 라니? '한 달이나' 남았잖아.

민석 : 한 달 동안 뭘 하겠어? 난 아무리 생각해도 재수를 해야 할 것 같아.

지영 : 왜 그렇게 생각하니? 한 달 동안에도 충분히 정리할 수 있어.

단어

생계	웃음거리	터지다
잇다	끊이다	재수하다
한숨	신나다	
놀림	함박웃음	

민석 : 너는 머리도 좋고 열심히 했으니까 잘할 수 있겠지만, 나는 안 될 게 뻔해. 그냥 포기하고 마음 편하게 지내는 게 좋겠어.

지영 : 너는 '우산 장수와 부채 장수' 이야기도 안 들어 봤어? 모든 일은 어떻게 생각하느냐에 따라 다른 거야.

민석 : 어떻게 다른데?

지영 : 한 달이 남았다는 건 일주일밖에 없어서 준비할 수 없는 경우보다 훨씬 낫잖아. 그러니까 지금부터라도 최선을 다해.

민석 : 글쎄, 잘할 수 있을까?

-(으)ㄹ 게 뻔하다	★ 화제	떨어지다	끝
포기하다	자식	비교하다	긍정적
	코미디언	우거지다	부정적
	제목	시절	

문법과 표현

Expressions

① A/V-(으)/느냐에 따라 다르다

날씨가 어떠냐에 따라 기분도 달라지곤 해요.
방이 얼마나 크냐에 따라 방 값이 달라집니다.
똑같은 영화도 누구와 보느냐에 따라 느낌이 달라요.

② N-거리

사람들의 웃음거리가 되고 싶지 않아요.
그런 일은 화젯거리가 될 만한 일이 아니에요.
집에 오는 길에 시장에 들러서 반찬거리를 샀다.

③ S-(으)나 S-(으)나

어머니들은 비가 오나 눈이 오나 자식들을 걱정하십니다.
코미디언은 괴로우나 즐거우나 사람들을 웃겨야 해요.
이제부터 두 사람은 기쁘나 슬프나 서로 아끼며 살아가겠습니까?

④ A/V-(으)ㄹ 게 뻔하다

그 책의 제목을 보니 재미없을 게 뻔해요.
안 봐도 다 알 수 있어. 아직까지 자고 있을 게 뻔해.
저렇게 공부를 안 하니 이번에도 떨어질 게 뻔하지.

Exercise

연습

① 본문을 잘 읽고 대답하세요.

1) 우씨네와 허씨네의 아들은 무엇을 해서 생계를 이어 나갔습니까?
2) 우씨 부부는 왜 매일 한숨을 쉬었습니까?
3) 허씨 부부는 왜 비가 오나 해가 나나 신이 났습니까?
4) 민석이와 지영이는 지금 무엇을 하는 사람입니까?
5) 민석이와 지영이의 한 달에 대한 생각은 어떻게 다릅니까?
6) 민석이와 지영이의 생활 태도를 비교해 보세요.

② 다음의 문장을 완성하세요.

1) 다음 ______에 알맞은 단어를 골라 쓰세요.

놀림	산골	생계	웃음거리	한숨	함박웃음

① 어머니께서 걱정 때문에 ______만 쉬십니다.
② ______에 나무가 우거져서 공기가 깨끗합니다.
③ 사람에게는 ______을/를 이어 나가는 일이 무엇보다 중요합니다.
④ 다른 사람의 ______이/가 되는 일은 하지 않는 것이 좋겠지요.
⑤ 요즘 우리 집은 기쁜 일로 ______이/가 가득합니다.
⑥ 어린 시절 친구들에게 ______을/를 받은 적이 있어요?

2) 다음 ______에 알맞은 단어를 골라 맞게 고쳐 쓰세요.

끊이다	신이 나다	재수하다	정리하다	포기하다

① 대학 입학시험에 떨어져서 ______는 학생들이 많이 있습니다.
② 친구들과 무엇을 할 때 가장 ______요?
③ 시험이 이틀밖에 안 남아서 이제는 알고 있는 것을 ______아 해요.
④ 그 광고를 본 사람들의 전화가 ______지 않고 온다.
⑤ 어떤 일이든지 ______지 않고 끝까지 노력하는 일이 중요하지요.

3) 보기에서 알맞은 표현을 골라 ______에 맞게 고쳐 쓰세요.

가슴이 터지다	배가 터지다	울음이 터지다	웃음이 터지다

① 슬픈 영화를 보다가 마침내 ______________아/어 나왔어요.
② 너무 많이 먹어서 ______________(으)ㄹ 것 같다.
③ ______________(으)ㄹ 것처럼 답답할 때는 산에 올라가 보세요.
④ 그 코미디언은 얼굴만 봐도 ______________아/어 나와요.

③ 다음 대화를 완성하세요.

1) 가 : 그 사람 결혼했니?
   나 : ______________(이)라니? ______________________________.
2) 가 : 그 학생은 __________나 __________나 열심히 하는 학생이에요.
   나 : 그래서 그런지 도서관에서 자주 봤어요.
3) 가 : 그 사람이 뭐라고 할까?
   나 : ______________________(으)ㄹ 게 뻔해. 지난번에도 그랬잖아.
4) 가 : 외국에서 공부하려면 돈이 많이 필요할까?
   나 : ______________________냐에 따라 다르지.
5) 가 : 그 친구는 지금 뭘 하고 있을까?
   나 : 안 봐도 뻔해. ______________고 있겠지.

CD 1 TRACK 24

④ 다음은 전화 내용입니다. 잘 듣고 맞으면 O, 틀리면 X 하세요.

1) (   )
2) (   )
3) (   )
4) (   )

CD 1 TRACK 24

5 다음은 성격이 다른 두 사람에 대한 이야기입니다.

1) 잘 듣고 맞으면 O, 틀리면 X 하세요.
   ① 내 동생의 성격은 긍정적이다. (　　)
   ② 내 동생과 같이 있으면 기분이 좋아진다. (　　)
   ③ 내 동생은 곧 취직을 한다. (　　)
   ④ 부모님은 부정적인 성격의 동생 때문에 걱정이 많으시다. (　　)

2) 잘 듣고 맞으면 O, 틀리면 X 하세요.
   ① 이 사람은 옛날이나 지금이나 걱정거리가 많은 사람이다. (　　)
   ② 다른 사람들도 이 사람의 성격을 좋아했다. (　　)
   ③ 생활 태도를 긍정적으로 바꾸고 나니 일의 결과도 좋아졌다. (　　)

6 같이 이야기해 봅시다.

1) ① 위의 듣기 5번의 1)과 2)에 나오는 사람의 성격을 비교해 봅시다.

   ② 여러분 나라에 위와 같은 성격의 사람을 표현하는 말이나 속담이 있으면 친구들에게 이야기해 주세요.

   ③ 여러분 가족이나 친구 중에 위의 듣기에 나온 것 같은 성격을 가진 사람이 있습니까? 있으면, 예를 들어 이야기해 주세요.

7 이야기해 봅시다.

1) 어려운 일이 생기면 여러분은 누구와 의논합니까?

2) 여러분이 한 달밖에 살 수 없다면 여러분은 어떻게 하겠습니까?

새 단어

Vocabulary

생계(生計)	살아 나가는 방법 livelihood
잇다	앞뒤가 끊어지지 않게 하다 to sustain, to maintain
한숨	걱정이 있을 때 쉬는 숨 a sigh
놀림	놀리는 것 ridicule
웃음거리	웃음을 받을 만한 사람 또는 일 a laughingstock
끊이다	멈추다 to be cut
신나다	매우 즐겁다 to be very excited
함박웃음	크게 웃는 웃음 a bright smile, hearty laughter
터지다	웃음 따위가 한꺼번에 나오다 to burst
재수(再修)하다	시험에 떨어져 그 시험을 위해 다시 공부하다
-(으)ㄹ 게 뻔하다	그렇게 될 것이 분명하다 to be clear, to be certain that something will happen
포기(抛棄)하다	하던 일을 그만두다 to give up
화제(話題)	이야깃거리 a topic
자식(子息)	아들과 딸 one's children
코미디언	a comedian
제목(題目)	a title
떨어지다	시험에서 실패하다 to fail (an examination)
비교(比較)하다	서로 같은 점과 다른 점을 알아보다 to compare
우거지다	풀과 나무가 매우 많다 to grow thick
시절(時節)	때, 일생의 어느 한 동안 time
끝	마지막 the end
긍정적(肯定的)	어떤 일이나 생각을 그렇다고 하는 것 to be affirmative, to be positive
부정적(否定的)	어떤 일이나 생각을 그렇지 않다고 하는 것 to be negative

13과 아빠가 밥을 해 준다고 놀려요

CD 1 TRACK 25

우리는 맞벌이 부부다. 나는 집에서 만화를 그리고 아내는 직장에 다니기 때문에 일반 맞벌이 부부와는 달리 내가 집에서 초등학교 1학년 딸아이의 밥을 챙겨 주는 경우가 많다. 그런데 어느 날, 딸아이가 시무룩한 표정으로 학교에서 돌아왔다.

아빠 : 나래야, 왜 그렇게 시무룩해 보이니? 학교에서 무슨 일 있었니?
나래 : 오늘 친구들한테, "우리 아빠는 매일 맛있는 음식을 만들어 주신다!" 하고 자랑했어요.
아빠 : 그런데 친구들이 뭐라고 했어?
나래 : 그랬더니 "박나래는요, 아빠가 밥을 해 준대요." 하면서 막 놀리잖아요.
아빠 : 아이구 참. 우리 나래가 그것 때문에 기분이 나빴구나. 나래야, 그건 친구들이 나래가 부러워서 그런 거야.
나래 : 뭐가 부러워요?
아빠 : 나래 친구들은 엄마만 음식을 챙겨 주지만 나래는 엄마와 아빠가 모두 음식을 만들어 주니까 그렇지.
나래 : 정말 친구들이 나를 부러워할까요?
아빠 : 그럼, 그렇고말고. 자, 어서 손 씻고 저녁 먹자.
나래 : 네, 아빠.

단어

맞벌이	시무룩하다	부럽다
직장	표정	-고말고(요)
와/과 달리	막	

*　　　　　　*　　　　　　*

남편 : 여보, 오늘 나래가 학교에서 친구들한테 놀림을 받았나 봐.

아내 : 왜요?

남편 : 아빠가 음식을 만들어 준다고 자랑했더니 오히려 친구들이 아빠가 밥을 해 준다고 놀린 모양이야.

아내 : 그래요? 아빠가 밥을 하는 것이 아이들에게는 이상하게 여겨지나 보군요. 사실, 다른 집 아빠들에 비하면 당신이 집안일을 많이 하는 편이죠.

남편 : 그렇다고 집안일을 모두 내가 맡아 하는 건 아니잖아.

아내 : 음식 만드는 일만 당신이 도와줘도 어딘데요.

남편 : 그건 내가 직접 음식 만들어 먹는 일을 좋아하니까 그렇지.

아내 : 아무튼 당신은 집안일에 대한 편견이 별로 없어서 다행이에요. 집안일은 여자가 하는 것이라고 생각하는 사람들이 많잖아요.

남편 : 아직도 우리 사회에는 유교적 사고방식이 지배적이라서 그런 것 같아. 나래가 크면 남녀평등에 대한 사람들의 생각이 더 많이 달라지겠지.

오히려	지배적	★ 한산하다	남녀 차별
사실	남녀평등	억지로	사회적
편견		기본적	
유교적		성능	

문법과 표현

Expressions

① N와/과 달리

한국은 우리나라와 달리 사계절이 있다.
나와는 달리 내 동생은 운동을 잘한다.
오늘은 보통 때와 달리 거리가 한산하다.

② N이/가 부럽다

나는 부자가 부럽다.
저는 재주 많은 사람이 부러워요.

A/V-(으)ㄴ/는 것이 부럽다

나는 그 친구 머리가 좋은 것이 부럽다.
나는 내 친구가 운동을 잘하는 것이 부러워요.

③ A/V-고말고(요)

우리 집에 오실 거예요? - 그럼요. 가고말고요.
하기 싫은 것을 억지로 한 적이 있어요? - 그럼요. 있고말고요.

N(이)고말고(요)

시험에 합격했다니 기쁜 일이지요? - 기쁜 일이고말고요.
민수 씨는 좋은 사람이지? - 좋은 사람이고말고.

④ 오히려

오히려 기본적인 것을 모를 때가 많아요.
자동차를 타는 것보다 걷는 것이 오히려 빠르다.
어른들보다 오히려 어린이의 의견이 더 나을 때도 있다.

⑤ 그렇다고 A/V-(으)ㄴ/는 것은 아니다

컴퓨터를 싸게 샀다. 그렇다고 성능이 나쁜 것은 아니다.
봄이 왔다. 그렇다고 아주 따뜻해진 것은 아니다.
나는 학교를 졸업했어요. 그렇다고 공부가 끝난 것은 아니에요.

⑥ N만 A/V-아/어도 어딘데(요)

우리 집은 학교에서 가깝지만 교통이 불편해요. - 거리만 가까워도 어딘데요.
우리 남편은 가끔 설거지만 해 줘요. - 설거지만 해 줘도 어딘데요.
한자는 읽지만 뜻은 잘 몰라. - 한자만 읽을 줄 알아도 어딘데.

연습

Exercise

① 본문을 잘 읽고 대답하세요.

1) 나래 아빠와 엄마는 무슨 일을 합니까?
2) 나래는 왜 아빠가 밥을 챙겨 줍니까?
3) 나래는 오늘 학교에서 왜 친구들에게 놀림을 받았습니까?
4) 나래 친구들은 정말로 나래를 부러워했습니까?
5) 나래네 집에서는 누가 집안일을 합니까?
6) 나래와 나래 친구들의 차이는 무엇입니까?

② 다음 문장을 완성하세요.

1) 보기에서 알맞은 단어를 골라 ______에 넣으세요.

남녀평등	맞벌이	사고방식	지배적	직장	편견	표정

① 학생들을 위한 편의 시설을 늘리자는 의견이 ________이다.
② 사람마다 ________이/가 다르기 때문에 가끔 오해가 생깁니다.
③ 밝은 ________(으)로 이야기하는 사람에게 화를 낼 수는 없지요.
④ 앞으로는 여자나 남자나 일을 해야 하기 때문에 ________ 부부가 많아질 거예요.
⑤ 가 : 여자만 집안일을 해야 한다는 생각을 하는 사람이 있더군요.
나 : 아직도 그렇게 ________의 사고가 전혀 없는 사람들이 있나요?
⑥ ________을/를 자주 옮기는 것은 별로 좋지 않아요.
⑦ 직업에 대한 ________은/는 없어져야 해요.

2) 보기에서 알맞은 단어를 골라 ________에 맞게 고쳐 쓰세요.

놀림을 받다	맡아 하다	부럽다	시무룩하다	챙기다

① 어렸을 때 친구들한테 ________(으)면 혼자 울었어요.
② 그 사람은 회사의 힘든 일을 거의 혼자 ________고 있어요.
③ 그 친구가 ________ 얼굴로 아무 말도 하지 않고 있어요.
④ 저는 건강하지 못해서 운동을 잘하는 친구들이 ________.
⑤ 전에는 어머니가 모든 걸 ________ 주셨는데 요즘은 어머니가 안 계시니까 제가 해요.

③ 다음 대화를 완성하세요.

A/V-고말고(요)		그렇다고 A/V-(으)ㄴ/는 것은 아니다
오히려	N와/과 달리	N만 A/V-아/어도 어딘데(요)

1) 가 : 오늘도 손님이 많았어요?
나 : 아니요, ________________.
2) 가 : 엄마, 이번 제 생일에 컴퓨터 사 주실 거죠?
나 : 그럼, ________________.
3) 가 : 오늘도 늦었어요?
나 : 네, ________________.

4) 가 : 남편이 집안일을 많이 도와주나요?

나 : 네, 그런 편이죠. ______________________.

5) 가 : 아직 교과서의 단어를 50% 정도밖에 못 외웠어.

나 : ______________________. 나는 시험공부를 시작도 못했어.

CD 1 TRACK 26

④ 남편과 아내의 대화입니다. 잘 듣고 맞는 답을 고르세요.

1) ① ② ③

2) ① ② ③

⑤ '여자로 태어나는 것이 아니라 여자로 만들어진다.'는 말에 대해 어떻게 생각합니까? 친구들과 이야기해 봅시다.

⑥ 이야기해 봅시다.

1) 우리가 사는 사회의 남녀 차별에 대해 이야기해 봅시다.

집안일	
직업	
사회적 편견	(예 : 여자가 담배 피우는 것…)

2) 어떻게 하는 것이 남녀평등이라고 생각하십니까?

3) 우리 사회에서 여자가 주로 하는 직업과 남자가 주로 하는 직업이 있습니까? 그 이유는 무엇인 것 같습니까?

남자가 주로 하는 직업	여자가 주로 하는 직업

새 단어

Vocabulary

맞벌이	부부가 모두 직업을 가지는 것
직장(職場)	회사와 같이 사회에서 일을 하는 곳 place of work
와/과 달리	와/과 다르게 differently
시무룩하다	마음에 불만이 있는 것처럼 말이 없다 to be sulky
표정(表情)	마음속의 생각과 감정이 얼굴에 나타나는 것 facial expression
막	몹시 severely, recklessly
부럽다	남의 좋은 것을 보고 나도 그렇게 되었으면 하다 to be enviable
-고말고(요)	물론 그렇다
오히려	보통 생각과는 달리 다른 것이 낫다 other than the original thought
사실(事實)	in fact, actually
편견(偏見)	공정하지 못한 생각 prejudice
유교적(儒教的)	Confucian
지배적(支配的)	to be dominant, to be overriding
남녀평등(男女平等)	남자와 여자의 지위와 역할이 같다는 것 sexual equality
한산(閑散)하다	한가하고 여유가 있다 to be not crowded
억지로	무리하게 강제로 by force
기본적(基本的)	to be basic
성능(性能)	기계나 물건이 가진 능력 an ability, an efficiency
남녀 차별(男女差別)	남자와 여자를 차이를 두고 다르게 대하는 것 sexual discrimination
사회적(社會的)	to be social

14과 한국어 가르치는 데에 더 몰두하게 돼요

CD 1 TRACK 27

민수 : 외국 사람들에게 우리말을 가르치는 국어 선생님이라면서요?

최 선생 : 네. 하지만 국어 선생이라는 말보다는 한국어 선생이란 말이 맞지요.

민수 : 국어 선생님과 한국어 선생님은 어떻게 달라요?

최 선생 : 우선 가르치는 대상부터 달라요. 국어 선생은 우리나라 학생들에게 우리말을 더 정확하게 사용하도록 하는 데 중점을 두고 가르치지요. 하지만 한국어 선생은 외국인이 우리말을 배워 잘 사용할 수 있도록 가르치지요.

민수 : 그렇군요. 우리는 자신도 모르는 사이에 우리말의 표현들을 저절로 알게 되지요. 하지만 우리에게 아무리 쉬운 표현이라고 해도 외국인에게는 어려운 점이 많겠네요.

최 선생 : 그렇지요. 그래서 짧은 시간에 우리말을 알기 쉽고 정확하게 가르쳐야 하는 것이 한국어 선생의 임무예요.

민수 : 학생들이 한국어를 배우는 목적은 대개 뭐예요?

최 선생 : 한국에 관심이 있어서 왔다는 학생이 많아요. 또, 여러 나라의 말을 잘하면 직업 선택의 폭도 넓어진다고 해요. 그 밖의 여러 가지 필요에 의해 배우는 것 같아요.

민수 : 방학에는 교포들도 우리말을 배우러 많이 온다고 들었는데요.

단어

몰두하다	저절로	선택
중점	임무	폭
-는 사이에	대개	에 의해(서)

최 선생 : 맞아요. 그중에는 그냥 부모가 한국어를 배우라니까 왔다는 학생도 있지만, 자기가 한국인이기 때문에 한국어를 알아야 한다고 생각해서 스스로 왔다는 학생도 많아요.

민수 : 외국인과 교포들에게 한국어를 가르치시는 보람도 있겠네요.

최 선생 : 그럼요. 처음에는 한국어를 한마디도 못하던 학생이 어느 정도 지나서 한국말로 이야기하는 걸 보면 보람을 느껴요. 그래서 한국어 가르치는 데에 더 몰두하게 되는 것 같아요.

스스로
보람
한마디

★ 발걸음
산업
파괴하다
전체

꺼지다
다양하다
내용
필요성

문법과 표현

Expressions

① V-는 데(에) 몰두하다

영화 보는 데 몰두해서 전화 소리도 못 들었다.
책 읽는 데에 몰두하다 내릴 지하철역을 놓치고 말았어요.
연구하는 데만 몰두해서 결혼할 생각을 안 해요.

N에 몰두하다

공부에 몰두하다 보니 이렇게 늦었는지 몰랐어요.
컴퓨터 게임에 몰두하면 밥 먹는 것도 잊어버려요.

② N에 중점을 두다

그 학생은 무엇보다도 학교생활에 중점을 둔다.
그 신문은 경제 문제에 중점을 두고 있다.

V-는 데(에) 중점을 두다

우리는 많은 글을 읽는 데 중점을 두고 가르친다.
그는 환경을 깨끗이 하는 데 중점을 둔다.

③ V-는 사이(에)

마이클 씨는 남들이 노는 사이에 열심히 공부했어요.
산업 발전에만 몰두하는 사이에 환경이 많이 파괴되었다고 합니다.
나도 모르는 사이에 발걸음이 지하철역으로 향했다.

④ N에 의해(서)

한국어 실력에 의해 급이 결정됐어요.
이번 시험 결과에 의해서 우등상을 받을지 못 받을지 결정된대요.
모든 결과는 그 사람의 노력에 의해 달라진다.

⑤ A/V-다/자/냐/라니까

내가 대공원에 간다니까 조카를 데리고 가라고 했어요.
극장에 같이 가자니까 피곤해서 싫대요.
어디 가냐니까 시장에 간다고 했어요.
내 우산을 가져가라니까 괜찮다고 했어요.

연습

Exercise

① 본문을 잘 읽고 대답하세요.

1) 국어 선생과 한국어 선생이 다른 점은 무엇입니까?
2) 일 년 중에서 언제 재외 교포들이 한국어를 배우러 많이 옵니까?
3) 교포 학생들이 왜 자기 스스로 한국어를 배우려고 합니까?
4) 최 선생님은 언제 한국어 가르치는 보람을 느낍니까?

② 다음 문형을 이용해서 문장을 만드세요.

V-다가	V-는 사이에	N에 몰두하다
N에 의해서	V-(으)라니까	N에 중점을 두다

1) 가 : 한국말을 잘하시는 것 같은데 왜 2급반에서 공부하세요?
나 : 쓰기와 말하기 시험 점수 ________ 2급으로 정해졌어요.
2) 가 : 도서관에 가자고 하더니 지금 어디로 가고 있는 거예요?
나 : 맛있는 음식 냄새가 나니까 나도 ________ 식당으로 발이 가네요. (모르다)
3) 가 : 옷을 살 때 무엇에 ________ 고 선택해요?
나 : 저는 무엇보다도 디자인을 중요하게 생각해요.
4) 가 : 형한테 밥 먹으라고 했니?
나 : 네, 그런데 지금 편지 ________ 고 있어서 식사하러 안 나오네요. (쓰다)

③ 보기에서 알맞은 단어를 골라 ________ 에 넣으세요.

발전	보람	선택	스스로	임무	저절로	폭	한마디

1) 미안하다는 말 ________ 하기가 그렇게 어려운가요?
2) 군인의 ________ 은/는 나라를 지키는 것입니다.
3) 70년대에 들어와서 한국의 경제가 빠른 속도로 ________ 되었습니다.
4) 이 컴퓨터는 전기를 절약하기 위해 20분 이상 사용하지 않으면 ________ 꺼지도록 돼 있습니다.
5) 어려운 사람을 돕는 일은 힘들지만 ________ 이/가 있어요.
6) 그 식당은 메뉴가 너무 다양해서 ________ 하기 어려울 정도예요.
7) 한강은 상당히 ________ 이/가 넓은 강입니다.
8) 옛날에는 누군가가 깨워 줘야 일어났는데 요즘은 ________ 일어나요.

④ 보기와 같이 연습해 보세요.

"나는 대공원에 가요." "조카를 데리고 가라."
→ 내가 대공원에 간다니까 조카를 데리고 가라고 했어요.

1) "어디 가요?" "시장에 가요."
→ ……………………………………

2) "제가 말하기 곤란해요." "말하지 마세요."
→ ……………………………………

3) "복권을 같이 삽시다." "싫어요."
→ ……………………………………

4) "제 숙제 좀 도와주세요." "오늘은 바빠서 안 되겠는데요."
→ ……………………………………

5) "은행에 같이 가요." "따라와요."
→ ……………………………………

6) …………………… ……………………………
→ ……………………………………

CD 1 TRACK 28

⑤ 라디오 방송 내용입니다. 잘 들어 보세요.

1) 이것은 무엇에 대한 광고입니까?

①

②

③

CD 1 TRACK 28

⑥ 다음은 라디오의 음악 프로그램입니다. 잘 들어 보세요.

1) 들은 내용의 제목을 만들어 보세요.

....

2) 이 내용에 의하면, 우리가 정말 걱정해야 할 것은 몇 %입니까?

⑦ 친구와 이야기해 보세요.

1) 외국어 배우기가 어려운데도 외국어를 배워야 하는 이유가 뭘까요?

2) 한국어 배우기의 쉬운 점과 어려운 점을 각각 이야기해 봅시다.
또, 특히 배우기 어려웠거나 아직도 이해가 잘 안 되는 문법이나 표현을 이야기해 봅시다.

3) 여러분 나라의 말을 우리가 배운다면, 쉬운 점과 어려운 점은 각각 무엇입니까?

	쉬운 점	어려운 점

새 단어

Vocabulary

몰두(沒頭)하다	한 가지 일에 모든 신경을 쓰다, 열중하다 to be immersed in
중점(重點)	중요한 것 focus, emphasis
-는 사이에	during
저절로	자기도 모르게 of itself, by itself
임무(任務)	자기가 맡은 일, 해야 할 일 a duty
대개	대체로, 대부분 generally, on the whole, mostly
선택(選擇)	고르는 것 selection, choice
폭(幅)	width
에 의(依)해(서)	depending on
스스로	자기가 하고 싶어서, 자기 힘으로 for oneself
보람	한 일에 대해서 나타난 좋은 결과 a fruit, a benefit, fruits of one's labors
한마디	짧은 말 a (single) word, one word
발걸음	걸음 a step
산업(産業)	industry
파괴(破壞)하다	부수거나 깨뜨려서 쓸 수 없게 만들다 to destroy
전체(全體)	모두, 다 the whole
꺼지다	'끄다'의 피동형 to be turned off, to be put off
다양(多樣)하다	모양이 여러 가지이다 to be various, to be diverse
내용(內容)	content
필요성(必要性)	꼭 소용이 있음 necessity

15과 약도 좋지만 쉬는 게 제일이야

CD 1 TRACK 29

인류에게 최악의 재앙이 될 가능성이 있는 '죽음의 감기'가 조만간 세계를 강타할 것이라고 독일의 한 잡지 최신호에서 경고했다. 1918년에는 불과 몇 개월 만에 10억 명이 감기에 걸려 2천만 명이 목숨을 잃은 적이 있다고 하면서 이와 비슷한 위력을 가진 죽음의 감기가 곧 닥쳐올 것이라고 그 잡지는 전하고 있다.

또 이 잡지는 1918년 감기 사망자 수가 1차 세계 대전 희생자의 2배에 달한다고 하면서 중세의 대질병들도 이렇게 짧은 기간 내에 많은 인간을 사망케 하지는 않았다고 밝혔다.

그 잡지는 '죽음의 감기'가 1890년, 1900년, 1957년, 1968년에도 지구를 습격, 수십만 명의 인명을 빼앗아갔다고 설명했다. 일단 '죽음의 감기'가 발생하면 불과 3주 만에 전 세계로 확산되기 때문에

단어

최악	최신	목숨	달하다	일단
재앙	호	위력	중세	발생하다
가능성	경고하다	닥쳐오다	밝히다	전
조만간	불과	전하다	습격	확산되다
강타하다	억	희생자	인명	

예방 주사약이 개발된다 하더라도 소용이 없을 것으로 전망된다고 한다.

엄마 : 우리 애가 감기에 걸린 것 같아요.
의사 : 증세가 어떤가요?
엄마 : 열이 많이 나고 목도 아프대요. 기침도 심하고요.
의사 : 언제부터 그러기 시작했지요?
엄마 : 어제 저녁부터요. 머리를 감고 나서 말리지도 않고 학교에 가더니만 오후부터 열이 나기 시작하더군요.
의사 : 입을 '아' 하고 크게 벌려 보세요.
아이 : 아.
의사 : 목이 많이 부었군요. 우선 이틀치를 처방해 드릴 테니까 일단 먹여 보세요. 이번 감기는 지독해서 약 먹고 며칠 쉬어야 할 거예요.
엄마 : 내일 학교에는 안 보내는 게 좋겠죠?
의사 : 될 수 있으면 안 가는 게 좋겠는데요. 약도 좋지만 감기에는 푹 쉬는 게 제일이거든요.
엄마 : 네, 고맙습니다.

예방	전망하다	-치	★ 놀랍다	우정	통증
주사약	증세	처방하다	심장병	딱	진통제
개발하다	벌리다 (입을)	지독하다	상황	풀리다 (피로가)	안약
소용없다	붓다	푹	후회하다	소화제	해열제

문법과 표현

Expressions

① 불과 N 만에

한국말을 배운 지 불과 두 달 만에 한국 사람과 이야기를 하다니 놀랍군요.
그 어려운 문제를 불과 10분 만에 다 풀어서 모두 깜짝 놀랐어요.
내 친구는 수영 배우러 다니겠다고 했는데 시작한 지 불과 사흘 만에 그만두었다.

② N에 달하다

서울 인구가 천만 명에 달하니 서울이 복잡할 수밖에 없죠.
생활 쓰레기 중에서 음식 쓰레기가 30%에 달한다고 해요.
어제 그 가수의 공연을 보기 위해서 만 명에 달하는 관객이 모였다.

③ S-다고[라고] 밝히다

그 의사는 이 약이 심장병 예방에 도움이 된다고 밝혔다.
서울시는 앞으로 시민 생활에 불편이 없도록 하겠다고 밝혔다.
그것이 거짓말이라고 밝혀지면 그땐 어떡하시겠어요?

④ 일단 A/V-(으)면

일단 배가 부르면 아무 일도 하고 싶은 생각이 없어진다.
일단 써 보면 얼마나 좋은지 알 수 있을 거예요.
일단 약속을 하면 무슨 일이 있어도 지켜야 합니다.

* 일단 밥부터 먹고 시작합시다.
그 사람이 누구인지 궁금하면 일단 만나 보세요.

⑤ A/V-다 하더라도

상황이 어렵다 하더라도 낙관적으로 생각하는 것이 좋아요.
지금 떠난다 하더라도 제시간에 도착하기 힘들 거예요.
내일 비가 온다 하더라도 계획대로 모임을 가지겠어요.

⑥ 소용(이) 없다

이 남은 동전은 우리나라에 가면 소용이 없으니까 다 써 버립시다.
이제 와서 후회해도 소용이 없어요. 미리 조심을 했어야지.
옷이 마음에 들어도 몸에 맞지 않으면 소용이 없어요.

⑦ A/V-더니만

동생이 어제 늦게 자더니만 아침에 못 일어나는군요.
영미는 어렸을 때부터 노래를 잘하더니만 결국 가수가 됐네요.
이사 올 때는 이 방이 크더니만 지금은 물건이 많아서 작네요.

연습

Exercise

① 본문을 잘 읽고 대답하세요.

1) 독일의 한 잡지에 어떤 기사가 났습니까?
2) 1918년에 어떤 일이 있었습니까?
3) '죽음의 감기'는 몇 번이나 지구를 습격했습니까?
4) 이 감기를 왜 '죽음의 감기'라고 부릅니까?
5) 아이가 감기에 걸린 원인은 무엇입니까?
6) 감기에 제일 좋은 것은 무엇입니까?

2 친구와 함께 다음 대화를 완성해 보세요.

환자 : 감기에 걸린 것 같아요.
의사 : ____________________?
환자 : 열이 많이 나고, ____________고 ______________요.
또 __________도 ____________________요.
의사 : 그럼, 우선 ______________ 테니까 잡숴 보세요.
환자 : 네, 고맙습니다.

3 다음 밑줄 친 곳에 알맞은 표현을 써넣으세요.

불과	소용없다	일단	조만간

1) 가 : 이 소설책 한번 읽어 봐.
나 : 소설책은 모르는 단어가 많아서 읽을 자신이 없어.
가 : __________ 읽어 봐. 생각하는 거하고 다를 수도 있으니까.
2) 가 : 지난번 시험을 너무 못 봐서 걱정이야.
나 : 끝난 일 가지고 후회해도 __________는 일이야.
다 잊어버리고 다음 시험이나 잘 보도록 열심히 준비하는 게 낫지 않겠어?
3) 가 : 엄마, 방 청소 다 했어요.
나 : 뭐라고? 그렇게 더럽던 방을 __________에 다 청소했다고? (10분)
4) 가 : 이렇게 차가 늘다가는 길이 주차장이 되겠어요.
나 : 계속 그렇게 늘지는 않을 거예요. __________ 뭔가 달라질 거예요.

4 보기에서 알맞은 문형을 골라 ______에 써넣으세요.

N에 달하다	A/V-다 하더라도	A/V-더니만
A/V-다고 밝히다	N도 좋지만	

1) 가 : 어제 신문 봤니?
나 : 응, 이번 사건에 정부는 ____________________지만 난 그렇게 생각하지 않아. (잘못이 없다)

2) 가 : 어떤 사람이 돈 때문에 친구와의 우정이 깨져 버렸대요.
   나 : 돈이 아무리 .... 친구를 잃으면 무슨 소용이 있겠어요? (많다)

3) 가 : 난 요즘 젊은 아이들을 이해할 수 없어요. .... 바지를 찢어서 입는 건 정말 이상해요. (멋)
   나 : 이해하세요. 우리 어렸을 때도 우리 부모님들이 똑같은 말씀을 하셨을 거예요.

4) 가 : 심장병 어린이를 위한 수술 비용을 모으고 있다면서요?
   나 : 네, 지금까지 모인 금액이 .... (2억 원)

5) 가 : 민수가 안경을 썼더라.
   나 : 그렇게 컴퓨터에 .... 결국 눈이 나빠졌구나. (열중하다)

5 다음 밑줄 친 곳에 알맞은 말을 보기에서 골라 써넣으세요.

깜빡	딱	텅	푹

1) 이 신발이 내 발에 .... 맞아요.
2) 친구와 한 약속을 .... 잊어버릴 뻔했어요.
3) 피곤할 때는 .... 자고 나면 피로가 풀릴 거예요.
4) 월급을 다 써서 통장이 .... 비었어요.

6 약의 종류와 그 약이 필요한 경우를 연결해 보세요.

1) 소화제 •	• 통증이 심할 때 먹는 약
2) 기침약 •	• 눈이 아플 때 눈에 넣는 약
3) 진통제 •	• 기침이 날 때 먹는 약
4) 안약 •	• 소화가 안 될 때 먹는 약
5) 해열제 •	• 열이 많이 날 때 먹는 약

CD 1 TRACK 30

⑦ 라디오 방송입니다. 잘 들으세요.

1) 오늘은 몇 월 며칠입니까?

10						
일	월	화	수	목	금	토
				1	2	3
4	5	6	7	8	9	10
11	12	13	14	15	16	17
18	19	20	21	22	23	24
25	26	27	28	29	30	31

11						
일	월	화	수	목	금	토
1	2	3	4	5	6	7
8	9	10	11	12	13	14
15	16	17	18	19	20	21
22	23	24	25	26	27	28
29	30					

12						
일	월	화	수	목	금	토
		1	2	3	4	5
6	7	8	9	10	11	12
13	14	15	16	17	18	19
20	21	22	23	24	25	26
27	28	29	30	31		

2) 여기에서 월요일을 힘들지 않게 하는 방법으로 어떤 것을 소개했습니까?

① 일요일에 집에서 푹 쉰다.
② 일요일에 재미있는 일을 만든다.
③ 좋아하는 사람과 월요일에 약속을 한다.

⑧ 여러분 나라에서는 어떻게 감기를 예방하고, 감기에 걸렸을 때 어떻게 하는지 서로 이야기해 봅시다.

	자기 나라			
감기 예방 하는 방법				
특별히 먹는 음식				
못 먹게 하는 음식				
감기를 낫게 하는 특별한 방법				

새 단어

Vocabulary

최악(最惡)	가장 나쁨 the worst
재앙(災殃)	자연의 변동과 이상한 사고 calamity, disaster
가능성(可能性)	실현될 수 있음, 어떤 일이 될 것 같음 possibility
조만간(早晩間)	앞으로 얼마 안 가서 sooner or later
강타(强打)하다	세게 치다, 큰 타격을 주다 to strike
최신(最新)	가장 새로운 것 the newest
호(號)	차례를 나타내는 데 쓰는 말
경고(警告)하다	조심하라고 알리다 to warn
불과(不過)	only, merely
억(億)	100,000,000 a hundred million
목숨	생명 a life
위력(偉力)	위대한 힘 power, majesty
닥쳐오다	어떤 일이나 시간이 가까이 오다 to come round, to impend
전(傳)하다	소식을 알리다 to convey, to report
희생자(犧牲者)	어떤 일로 인하여 죽은 사람 a victim
달(達)하다	어떤 수량 · 정도가 되다 to amount to, to come to
중세(中世)	5~15세기 경 the Middle Ages
밝히다	분명하게 보이다 to make clear, to declare
습격(襲擊)	갑자기 적을 공격함 an attack
인명(人命)	사람의 생명 human life
일단(一旦)	한번, 우선 once
발생(發生)하다	새로 생기다 to occur
전(全)	모든 all, whole
확산(擴散)되다	흩어져 퍼지다 to be scattered, to spread, to permeate
예방(豫防)	무슨 일이 일어나기 전에 미리 막음 prevention
주사약(注射藥)	an injection
개발(開發)하다	새로운 것을 만들어 실용화하다, 발전시키다 to develop
소용(所用)없다	필요 없다 to be unnecessary
전망(展望)하다	멀리 바라다 보다 to look out on, to observe
증세(症勢)	병으로 나타나는 현상 symptoms
벌리다 (입을)	입을 펴서 열다 to open (one's mouth)
붓다	살이 부풀어 오르다 to swell (up)
-치	-분 a portion, a share
처방(處方)하다	병의 증세에 따라 약을 만들다 to prescribe
지독(至毒)하다	심하다 to be severe
푹	아주 많이, 깊게 deeply, soundly

놀랍다	놀랄 만하다 to be amazing
심장병(心臟病)	heart disease
상황(狀況)	어떤 일의 그때의 모습이나 형편 a situation, conditions
후회(後悔)하다	이전의 잘못을 깨닫고 뉘우치다 to regret
우정(友情)	친구 사이의 정 friendship
딱	정확히 잘 맞는 모양 precisely, exactly
풀리다 (피로가)	(피로가) 없어지다
소화제(消化劑)	소화를 돕는 약 a digestive
통증(痛症)	아픈 증세 an ache, a pain
진통제(鎭痛劑)	아픔을 멈추게 하는 약 pain reliever, analgesic
안약(眼藥)	눈에 넣는 약 medicine for the eyes
해열제(解熱劑)	몸의 열을 내리는 데 쓰는 약 a fever remedy, an antifebrile

16과 미리 연락을 하면 달려가 발이 되겠습니다

CD 1 TRACK 31

'미리 외출 시간을 연락해 주면 달려가 발이 되겠습니다.'

이것은 택시 광고가 아니다. 장애인들의 외출을 도와주는 한 자원 봉사 단체의 광고 문구이다. 순수한 시민 단체인 이 모임은 혼자만의 힘으로는 전혀 외출할 수 없는 장애인들에게 운전기사의 역할을 하고 있다. 이 모임이 알려지면서 봉사받고 싶어하는 장애인의 수는 늘어나고 있는 데 반해 봉사를 자원하는 사람들은 이에 크게 못 미친다고 한다.

또한 장애인을 위한 기본적인 편의 시설이 부족한 것도 문제이다. 최근 한 조사에 의하면 우리나라 공공 기관과 교통 시설의 장애인 편의 시설 설치율은 28%에 지나지 않는다고 한다.

단어

외출하다	단체	역할	지나지 않다
장애인	문구	미치다	
자원하다	힘	공공 기관	
봉사	운전기사	설치율	

올가 : 오늘 아침 학교 오는 길에 다리가 불편한 사람이 겨우 겨우 버스에 오르는 걸 봤어요. 장애인들이 대중교통을 이용하기가 좀 편하면 좋겠어요.

준석 : 아닌 게 아니라 버스 계단은 좀 높아서 보통 사람들에게도 불편하지요. 그러니 몸이 불편한 사람들은 얼마나 힘들겠어요?

올가 : 한국은 최근 경제적으로 몰라보게 발전했지만 장애인을 위한 시설은 그리 많지 않은 듯해요. 시청, 우체국, 은행 같은 곳에서 장애인을 위한 시설은 좀처럼 볼 수 없어요.

준석 : 물론 장애인을 위한 편의 시설을 만드는 것도 중요하지만, 항상 그들에 대해 관심을 갖는 자세가 필요하지 않을까요?

올가 : 맞아요. 장애인을 위해 시설은 해 놨는데 보통 사람들이 함부로 사용하는 경우도 있잖아요.

준석 : 그래요. 사실 하려고만 들면 장애인을 돕는 일은 먼 데 있는 것은 아니지요.

겨우
대중
몰라보게
그리

좀처럼
자세

★ 평범하다
말다툼
가입하다
장벽

전용

문법과 표현

Expressions

① A/V-(으)ㄴ/는 데(에) 반해

지하철은 빠르고 편해서 좋은 데 반해 사람이 많아서 불편해요.
그 식당요? 맛은 괜찮은 데 반해 서비스는 그저 그렇더군요.
전 술은 잘 마시는 데 반해 담배는 전혀 못합니다.

② N에 지나지 않다

그곳에서 일한 것은 연습에 지나지 않았다.
저는 평범한 회사원에 지나지 않는데요.
그런 일은 꿈에 지나지 않는 것이니 잊어버리도록 해.

③ 아닌 게 아니라

한자는 어려워서 배우기가 힘들어요. - 아닌 게 아니라 외국 사람한테는 어려울 거예요.
그 사람 만나 보니 어땠어요? - 아닌 게 아니라 들은 대로 괜찮은 사람이던데요.
이 계획은 실천하기 어렵지 않겠어요? - 아닌 게 아니라 좋은 계획이지만 실천하기는 어려울 것 같아요.

④ 몰라보게 V

제가 떠나 있는 동안 고향이 몰라보게 달라졌어요.
1년 동안 몰라보게 자랐구나.
동네가 몰라보게 좋아져서 참 놀랐습니다.

⑤ 그리 A/V-지 않다

학교에서 집까지는 그리 멀지 않아요.

말다툼을 그리 심하게 하는 것 같지는 않았어요.
직접 밥을 해 먹으면 돈이 그리 많이 들지 않습니다.

⑥ A/V-(으)ㄴ/는 듯하다

박 선생이 회사 일로 요즘 골치가 아픈 듯해요.
어머니가 주무시는 듯해서 전화를 바꿔 드리지 않았어요.
피아노 치는 걸 들으니 연습을 전혀 안 한 듯하더군요.

A/V-(으)ㄹ 듯하다

날씨가 추울 듯해서 옷을 많이 입고 나왔어요.
하늘을 보니 비가 올 듯하네요.
내가 같이 가자고 하니까 그 친구도 갈 듯하던데요.

⑦ V-(으)려고만 들다

컴퓨터는 배우려고만 들면 누구나 쉽게 배울 수 있습니다.
하려고만 들면 못할 일이 어디 있겠어요?
나쁘게 생각하려고만 들지 말고 한번 좋은 쪽으로도 생각해 봅시다.

연습

Exercise

① 본문을 잘 읽고 대답하세요.

1) '미리 연락하면 달려가 발이 되겠습니다'는 무슨 광고입니까?
2) 자원 봉사자는 충분합니까?
3) 한국 교통 시설의 장애인 편의 시설은 어떻습니까?
4) 장애인을 위한 편의 시설을 만드는 것보다 더 필요한 것은 무엇입니까?

② 다음 ________ 에 알맞은 단어를 넣으세요.

기본적으로	몰라보게	미치다	발전하다
외출하다	좀처럼	최근	해결하다

1) 가 : 박 선생님 계시면 좀 바꿔 주세요.
   나 : 지금 잠깐 ________________. 실례지만 누구십니까?
2) 와! 너 오래간만이다. 그동안 ________________ 예뻐졌구나.
3) 가 : 난 똑똑하고, 재미있고, 멋있고, 게다가 나만 사랑해 주는 사람을 만나고 싶어.
   나 : 그렇지만 그런 사람은 ________________ 만나기 힘들걸.
4) 서울은 하루라도 빨리 심각한 교통 문제를 ________________다고 생각합니다.
5) 그 일을 시작하기 전에 ____________ 알아 둬야 할 것들이 몇 가지 있습니다.

③ 보기와 같이 연습해 봅시다.

> 가 : 구름이 많이 끼었네요. (비가 오다)
> 나 : 구름이 많이 낀 걸 보니 비가 올 듯하군요.

1) 가 : 손님이 많이 오셨네요. (음식이 조금 모자라다)
   나 : ____.
2) 가 : 이 책에는 한자가 많군요. (읽는 데 시간이 많이 걸리다)
   나 : ____.
3) 가 : 저 식당에 사람이 많군요. (음식 맛이 좋다)
   나 : ____.
4) 가 : 길이 많이 막히네요. (지하철이 낫다)
   나 : ____.
5) 가 : 비가 자주 내리네요. (곧 추워지다)
   나 : ____.

④ 다음의 문형을 이용하여 문장을 완성하세요.

V-(으)려고만 들다	N에 지나지 않다	그리 A/V-지 않다
A/V-(으)ㄴ/는 데 반해	A/V-(으)ㄴ/는/(으)ㄹ 듯하다	

1) 그 집은 편의 시설이 .... 교통이 불편한 것 같더군요. (많다)
2) 최근 여기서 .... 곳에 큰 병원이 생겨서 차들이 많아졌습니다. (멀다)
3) 일이 많은 편도 아니니까 ....(으)면 빨리 끝낼 수 있어요. (하다)
4) 가 : 내게 그렇게 많은 돈이 있으면 우리나라에 가난한 사람이 한 사람도 없도록 할 텐데요.
   나 : 하지만 그건 어디까지나 꿈에 .... 일이야.
5) 더 이상 기다려 봐도 ....ㄴ/는데, 그냥 떠나는 것이 좋겠어요. (오다)

CD 1 TRACK 32

5 정구와 민지의 대화입니다. 잘 들으세요.

1) 이 여학생은 이 대화의 끝에서 어떻게 대답했을까요?
   ① 역시 장애인 문제는 정부가 관심을 가져야 해.
   ② 장애인을 돕는 자원 봉사 단체에 가입하면 어때?
   ③ 나도 이번 주말에 설악산에 가 볼까?

2) 이 대화의 알맞은 제목을 고르세요.
   ① 장애인에 대한 정부의 관심
   ② 장애인을 힘들게 하는 장벽들
   ③ 장애인 전용 주차장 만들기

3) 이 두 사람은 어떤 생각을 가지고 있습니까?
   ① 설악산에 올라간 장애인이 부럽다.
   ② 이들은 장애인에게 별로 관심이 없다.
   ③ 우리 생활 속에는 장애인에게 불편한 것이 많다.

⑥ 친구들과 함께 이야기해 봅시다.

1) 여러분은 자원 봉사해 본 경험이 있습니까? 경험이 있다면 언제 어디에서 무슨 일을 했는지 자세하게 소개해 보세요.

사람 / 내용				
언제				
어디에서				
무슨 일				
보람 있던 경험				

2) 우리가 어떤 곳에서 어떤 일로 자원 봉사할 수 있을지 함께 이야기해 보세요.

①

②

③

④

⑤

3) 여러분 나라에서는 장애인을 위해 어떤 일들을 하고 있습니까? 또 그들을 위한 시설은 어떻게 되어 있습니까?

자기 나라			

새 단어

Vocabulary

외출(外出)하다	밖에 나가다 to go out
장애인(障碍人)	신체적 또는 지적으로 도움이 필요한 사람 the handicapped
자원(自願)하다	스스로 지원하다 to volunteer
봉사(奉仕)	국가·사회를 위해 헌신적으로 일함 service
단체(團體)	모임 organization
문구(文句)	글의 구절 a phrase
힘	power, effort
운전기사(運轉技士)	운전하는 사람 a driver, a chauffeur
역할(役割)	구실, 임무 a role
미치다 (수에)	이르다 to reach, to attain
공공 기관(公共機關)	사회의 여러 사람들이 함께 이용하는 기관 public institution
설치율(設置率)	설치한 비율 the rate of facilities
지나지 않다	불과하다 to be nothing but
겨우	어렵게 힘들여 with (much) difficulty
대중(大衆)	수가 많은 여러 사람 public
몰라보게	보고도 인식하지 못할 정도로 to fail to recognize
그리 (-지 않다)	그렇게 (-지 않다), 그 정도로 (-지 않다) to be not so ~
좀처럼 (-지 않다)	rarely, hardly
자세(姿勢)	어떤 일에 대한 마음가짐 posture, attitude
평범(平凡)하다	뛰어나거나 특별하지 않다 to be common
말다툼	말싸움 dispute
가입(加入)하다	조직이나 단체에 들어가다 to join (an association), to become a member (of)
장벽(障壁)	방해가 되는 것 an obstacle
전용(專用)	한 가지 목적으로만 쓰는 것 exclusive use

17과 설날은 큰 명절 중의 하나예요

CD 1 TRACK 33

바바라 : 세계 어느 나라에나 명절이 있고 그날에는 전통적인 풍속이나 놀이가 있는 것 같아요. 한국에도 독특한 설날 풍속과 정월 놀이가 있겠지요?

선생님 : 그래요. 한국도 마찬가지예요. 한국에서는 설날이 큰 명절 중의 하나예요. 오늘은 설날의 독특한 풍속과 정월 놀이에 대해서 얘기해 줄게요. 설빔이라는 말 들어 봤어요?

다나카 : 네, 설날에 입는 새 옷을 말하지요?

선생님 : 맞아요. 어른들은 새로 지은 바지저고리에 흰 두루마기를 입었고 아이들은 색동옷을 입었어요.

바바라 : 설날이 되면 누구나 다 설빔을 입었나요?

단어

명절
풍속
독특하다
정월
설빔
저고리
두루마기
색동

선생님 : 그렇다고 할 수 있지요. 특히 아이들은 설빔을 입으려고 설날이 오기를 손꼽아 기다리곤 했대요. 그래서 가난한 집에서도 아이들을 실망시키지 않으려고 어머니는 섣달 그믐날 밤을 새우며 새 옷을 지으셨다고 해요.

마이클 : 제 친구한테 들었는데 한국에서는 설날 아침에 세배하고 세뱃돈을 받는다면서요?

올가 : 세배요?

선생님 : 아, 세배는 설날 아침에 어른들께 드리는 첫인사를 말해요. 우선 아침에 음식을 차려서 조상들에게 차례를 지내지요. 그리고 집안 어른들께 세배를 드리고 나서 아침 식사를 해요. 식사 후에는 이웃 어른들을 찾아다니며 세배를 드리고요.

다나카 : 참 좋은 풍속이군요.

선생님 : 그래요. 세배를 받는 어른은 찾아온 아이들에게 세뱃돈을 주고 어른들에게는 술과 음식을 내놓지요. 그리고 세배 온 사람에게 희망에 찬 덕담을 해요.

마이클 : 잘 알겠어요.

선생님 : 그러면 내일은 정월 놀이를 같이 해 볼까요?

손꼽다	짓다 (옷을)	차례	덕담	★ 국립
섣달	세배	내놓다 (음식을)		버선
그믐날	세뱃돈	희망		
새우다 (밤을)	조상	차다		

Expressions

문법과 표현

① N은/는 N 중의 하나이다

불고기는 외국인이 좋아하는 음식 중의 하나이다.
서울대학교는 여러 국립대학 중의 하나이다.

N은/는 N의 하나이다

연극은 공연 예술의 하나이다.
자동차는 요즘 내 관심거리의 하나이다.

② N에 N을/를 입다[신다, 쓰다]

이 옷에 어떤 구두를 신으면 좋을까요?
긴 치마에 분홍 저고리를 입었어요.
이 코트에 까만 모자를 쓰면 어울리겠어요.

③ 손꼽아 기다리다

내 동생은 선물을 받으려고 크리스마스가 오기를 손꼽아 기다리곤 했어요.
드디어 손꼽아 기다리던 방학이 왔구나!
어머니께서는 내 졸업식 날을 손꼽아 기다리셨다.

④ N에 (가득) 차다

그 사람은 사고 소식을 듣고 슬픔에 찬 얼굴로 돌아갔어요.
선생님의 말씀을 듣고 그 학생은 희망에 가득 찼다.
편지를 받고 실망에 차서 한숨을 쉬었다.

Exercise

연습

① 본문을 잘 읽고 대답하세요.

1) 설날 한국 사람들은 어떤 옷을 입었습니까?
2) 아이들은 왜 설날이 오기를 손꼽아 기다렸습니까?
3) 어머니들은 섣달 그믐날 밤에 무엇을 하셨습니까?
4) 설날 아침에 어떤 풍속이 있습니까?
5) 세배를 받는 어른들은 어떻게 합니까?

② 보기와 같이 연습해 봅시다.

> 형 / 청바지, 스웨터
> 가 : 누가 형이에요?
> 나 : 청바지에 스웨터를 입은 학생이 형이에요.

1) 동생 / 까만 바지, ________
2) 어머니 / ________, 분홍 저고리
3) 조카 / ________
4) 친구 / ________
5) 선생님 / ________
6) ________ / ________, ________

③ 보기에서 단어를 골라 ________에 알맞게 써넣으세요.

드리다 받다 주다 지내다 짓다 차다 차리다 하다

1) 어머니들은 밤새도록 한복을 ________서 아이들에게 입히셨다.
2) 아이들은 어른들께 세배를 ________고 세뱃돈을 ________다.
3) 설날 아침에 온 가족이 차례를 ________고 아침 식사를 ________다.
4) 설날 아침에 음식을 ________느라고 어머니는 바쁘시다.
5) 어른들은 아이들에게 세뱃돈을 ________다.
6) 설날 아침에 희망에 ________ 새해를 계획한다.

CD 1 TRACK 34

④ 설날 풍속에 관한 이야기입니다. 잘 듣고 알맞은 답을 ________에 쓰세요.

1) 이것은 ____________ 입니다.
2) 이것은 ____________ 입니다.
3) 이것은 ____________ 입니다.
4) 이것은 ____________ 입니다.

CD 1 TRACK 34

⑤ 지연이와 바바라의 대화입니다. 잘 듣고 맞으면 O, 틀리면 X 하세요.

1) 바바라는 지난 겨울에 한국에 왔습니다. (　　)
2) 바바라는 지연이와 같이 설날을 보내려고 합니다. (　　)
3) 바바라는 지연이에게 세배하는 법을 배웠습니다. (　　)
4) 바바라는 설날에 신으려고 버선을 사 놓았습니다. (　　)

⑥ 여러분 나라에서 제일 큰 명절에 대해 서로 이야기해 보세요.

질문 ＼ 나라	자기 나라			
무슨 명절이에요?				
언제예요?				
특별히 하는 게 뭐예요?				
무슨 음식을 먹어요?				
어떤 풍속이 있어요?				

새 단어

Vocabulary

명절(名節)	민속적인 행사를 하며 지내는 특별한 날 a seasonal festival
풍속(風俗)	오래 전부터 내려오는 생활문화에 대한 사회적 관습 custom
독특(獨特)하다	다른 것과 특별히 다르다 to be unique
정월(正月)	음력 1월 January according to the lunar calendar
설빔	설날에 입는 새 옷
저고리	한복의 윗부분의 옷
두루마기	외출할 때 웃옷 위에 입는 긴 옷
색동(色-)	여러 종류의 색 stripes of many colors
손꼽다	숫자를 손가락으로 세다 to count numbers with fingers
섣달	음력 12월 December according to the lunar calendar
그믐날	한 달의 마지막 날 the last day of the month
새우다 (밤을)	밤을 자지 않고 지내다 to sit up all night
짓다 (옷을)	만들다 to make a dress
세배(歲拜)	연말이나 연초에 하는 인사
세뱃돈(歲拜-)	세배를 하고 어른에게 받는 돈
조상(祖上)	할아버지 이상의 윗대 어른 ancestors
차례(茶禮)	명절이나 조상의 생일을 맞아 조상께 올리는 제사
내놓다 (음식을)	가지고 있는 것을 내주다 to offer, to serve
희망(希望)	좋은 결과를 기대하는 마음 hope, wish
차다	가득하다 to be full
덕담(德談)	설날이나 명절 때 상대편이 잘되기를 바라는 뜻의 말이나 인사
국립(國立)	나라에서 세움 to be government-established, to be national
버선	한복에 신는 양말과 같은 것

18과 윷놀이는 아이나 어른 할 것 없이 다 좋아해요

CD 2 TRACK 01

선생님 : 오늘은 정월 놀이를 하기로 했지요? 우선 윷놀이를 해 봅시다.

바바라 : 이 네 개의 작은 막대기들을 윷이라고 하나요? 한 면은 평평하고 다른 한 면은 둥근 모양이군요. 어떻게 하지요?

선생님 : 그 막대기들을 위로 던져요. 그리고 바닥에 떨어진 윷의 면에 따라 도, 개, 걸, 윷, 모로 구별해서 점수를 매기는 거예요.

다나카 : 그럼 이 판은 뭐예요?

선생님 : 윷판이라고 하는데 각각 자기 편이 얻은 점수대로 그 위에서 윷말을 옮기는 거예요. 상대방 말에게 잡히지 않고 먼저 나는 쪽이 이겨요.

마이클 : 재미있겠군요.

선생님 : 네. 윷놀이는 누구나 쉽게 할 수 있는 신나는 놀이라서 아이나 어른 할 것 없이 다 좋아해요. 그럼 편을 나누고 시작합시다. 이제부터 자기 편 응원을 열심히 하세요.

단어

윷놀이	던지다	걸	매기다 (점수를)	상대방
막대기	바닥	윷	판	나다
평평하다	도	모	편	쪽
둥글다	개	구별하다	윷말	응원하다

*　　　　*　　　　*

선생님 : 오늘은 바람이 불어서 연날리기에 좋겠어요.

마이클 : 우리나라에서도 연날리기를 하는데 한국의 연 모양은 좀 다른 것 같아요.

선생님 : 대나무 틀에 한지를 붙여서 만드는데 세모, 네모, 마름모 등 여러 가지 모양이 있어요.

마이클 : 빨리 날려 보고 싶어요.

선생님 : 마이클 씨는 연날리기를 많이 해 본 것 같네요. 우리 연싸움 한번 해 볼까요?

마이클 : 연싸움요?

선생님 : 연줄이 끊어지지 않게 얼레를 조절하면서 높이 날리는 쪽이 이기는 거예요.

마이클 : 좋아요. 저는 자신 있어요.

연	한지	얼레	★ 농촌	밤	피부
날리다	세모	조절하다	대보름	잣	짓다 (농사를)
대나무	네모		감자	호두	
틀	마름모		고구마	땅콩	

문법과 표현

Expressions

① N(이)(나) N(이)(나) 할 것 없이

그 영화를 보고 남자나 여자나 할 것 없이 모두 울었어요.
도시나 농촌 할 것 없이 사람이 많아요.
요즘은 너나 할 것 없이 그 이야기뿐이에요.

② V-기에 좋다

우리 하숙집은 조용해서 공부하기에 좋아요.
이 음식은 안 매워서 아이들이 먹기에 좋아요.
오늘은 차가 별로 안 다녀서 운전하기에 좋습니다.

연습

Exercise

① 본문을 잘 읽고 대답하세요.

1) 윷의 모양은 어떻습니까?
2) 윷놀이의 점수는 어떻게 매깁니까?
3) 윷말은 어떻게 움직입니까?
4) 윷놀이는 누가 할 수 있는 놀이입니까?
5) 한국의 연은 어떻게 만듭니까?
6) 연싸움은 어떻게 합니까?

② 보기와 같이 연습해 봅시다.

1) 언제, 차가 안 막히다
　　가 : 언제 차가 안 막혀요?
　　나 : 요즘은 아침이나 저녁이나 할 것 없이 언제나 막혀요.

① 누가, 불고기를 좋아하다
② 어디, 복잡하다
③ 어느 계절, 제주도가 아름답다
④ 누가, 그 가수를 좋아하다
⑤ 무슨 음식, ...
⑥ ...., ...

2) 그 하숙집
가 : 그 하숙집은 어떤 점이 좋아요?
나 : 가까워서 학교 다니기에 좋아요.

① 이 가방
② 윷놀이
③ 그 공원
④ 이 사전
⑤ 그 가게
⑥ ....

③ 보기에서 단어를 골라 .... 에 알맞게 써넣으세요.

끊어지다	나다	날리다	둥글다	매기다	붙이다	신나다
옮기다	이기다	자신 있다	잡히다	조절하다	평평하다	

1) 연줄이 끊어지지 않게 얼레를 잘 ....야 돼요.
2) 윷의 한 면은 ....고 한 면은 ....아/어요.
3) 윷판 위의 윷말이 ....지 않고 먼저 ....(으)면 ....는 거예요.
4) 연은 대나무 틀에 한지를 ....서 만들어요.
5) 나는 한국 사람이니까 한국말에는 ....요.
6) 연줄이 ....지 않도록 조심하세요.
7) 바람 부는 날은 연 ....기에 좋아요.
8) 점수를 ....서 누가 이기는지 봅시다.
9) 아이들에게 설날은 정말 ....는 날이겠군요.
10) 친구가 얼마 전에 주소를 ....서 연락할 수 없어요.

CD 2 TRACK 02

④ 한국의 정월 풍속에 대한 이야기입니다. 잘 듣고 질문에 대답하세요.

1) 정월 놀이가 많은 이유는 무엇입니까?
① 정월에 놀면 재미있으니까
② 겨울에 바쁘지 않아서
③ 겨울에는 먹을 것이 많기 때문에

2) 정월 대보름 새벽에는 무엇을 먹습니까?
① 감자와 고구마
② 밤, 잣, 호두, 땅콩
③ 떡국과 송편

3) 이것을 왜 먹습니까?
① 피부에 문제가 안 생긴다고 믿어서
② 새벽에 배가 고파서
③ 소원을 이루기 위해서

4) 정월 대보름 저녁에 다리를 열두 번 지나다니는 이유는 무엇입니까?
① 보름달을 새해 처음으로 보기 위해서
② 이렇게 하면 다리가 아프지 않다고 믿어서
③ 일 년 동안 농사를 잘 짓기 위해서

⑤ 여러분 나라의 민속놀이와 전통 의상을 소개해 보세요.

1) 민속놀이

① 이름?

② 언제?

③ 어떻게?

2) 전통 의상

질문 \ 나라	자기 나라			
이름이 뭐예요?				
어떤 모양이에요?				
언제 많이 입어요?				
색깔은 어때요?				
특별히 좋은 점은 뭐예요?				

새 단어

Vocabulary

윷놀이	네 개의 막대기를 던져 노는 한국의 전통 놀이
막대기	a stick
평평(平平)하다	높고 낮음이 없고 편편하다　to be flat
둥글다	to be round
던지다	to toss, to throw
바닥	the floor
도	윷을 던져 평평한 면이 한 개 둥근 면이 세 개가 나오는 경우
개	평평한 면이 두 개 둥근 면이 두 개가 나오는 경우
걸	평평한 면이 세 개 둥근 면이 한 개가 나오는 경우
윷	평평한 면이 네 개가 나오는 경우
모	둥근 면이 네 개가 나오는 경우
구별(區別)하다	종류에 따라 나누어 인식하다　to distinguish
매기다 (점수를)	평가하여 정하다　to evaluate
판(板)	a board
편(便)	a team
윷말	윷판 위에서 점수대로 옮기는 말
상대방(相對方)	서로 상대가 되는 쪽　an opponent
나다	(결과가) 나오다, 끝나다　to finish
쪽	a side
응원(應援)하다	돕거나 격려하다　to cheer, to support
연(鳶)	a kite
날리다	날게 하다　to fly
대나무	bamboo
틀	테　a frame
한지(韓紙)	한국의 전통적인 종이
세모	삼각형　a triangle
네모	사각형　a square
마름모	a diamond shape
얼레	연실을 감거나 푸는 기구　a reel, a spool
조절(調節)하다	조정하다　to control, to adjust, to modify
농촌(農村)	농사짓는 사람들이 모여 사는 시골 마을　a rural community
대(大)보름	음력 정월 15일
감자	potato
고구마	sweet potato

밤	chestnut
잣	pinenut
호두	walnut
땅콩	peanut
피부(皮膚)	skin
짓다 (농사를)	논밭을 가꿔 농사를 하다　to do farm work

19과 마음만 먹으면 생명을 구할 수 있어요

CD 2 TRACK 03

중동과 아프리카를 여행하면서 내게는 새로운 관심 분야가 생겼다. 바로 난민 문제다. 르완다나 캄보디아의 끔찍한 이야기들은 나와는 전혀 상관이 없는 먼 나라의 뉴스거리로만 여겨 왔다. 르완다 난민촌에서는 아이 하나가 병에 걸리면 다른 아이들에게 삽시간에 번져 며칠 새 수십 명이 죽어 갔다. 먹을 것 없이 떠돌던 난민들이 난민촌에 처음 들어왔을 때는 거의 반죽음 상태였다. 아이들은 걷기는커녕 힘이 없어 음식도 먹지 못하고 다른 사람이 입에 넣어 주어도 삼킬 수조차 없었다.

기자 : 세계 여러 나라를 오랫동안 여행하면서 특히 난민 문제에 관심을 갖게 되셨다고요?

지연 : 현재 전 세계의 난민은 1,100만 명이나 됩니다. 전쟁의 가장 큰 피해자는 여자와 어린아이예요. 그들이 난민의 80%를 차지하고 있어요. 이들은 아무런 힘이 없는 사람들이에요. 누군가가 돕지 않으면 그대로 죽을 수밖에 없습니다.

기자 : 미국과 소련의 대결 시대가 끝나자 사람들은 평화의 시대가 오리라고 생각했습니다. 그러나 평화는 고사하고 오히려 새로운 문제들이 더 생기고 있는 거지요.

단어

구하다	르완다	번지다	조차	대결
중동	캄보디아	떠돌다	피해자	은/는 고사하고
아프리카	상관	상태	차지하다	
분야	난민촌	-기는커녕	누군가	
난민	삽시간에	삼키다	소련	

지연 : 전쟁이 없어지기는 어려울 거예요. 전쟁이 있는 한 난민도 사라지지 않을 겁니다. 난민촌에 들어올 때 거의 죽어 가던 아이들도 열흘만 지나면 서서히 생기를 찾게 되지요. 그런데 생명을 구하는 데 드는 돈은 난민 한 사람당 겨우 하루 80원밖에 안 된대요.

기자 : 800원이면 어린 목숨 하나를 구할 수 있는 거군요.

지연 : 저는 이번 여행에서 많은 난민촌을 직접 찾아다니면서 제가 해야 할 일 하나를 찾았어요. 바로 난민 어린이를 돕는 일이죠.

기자 : 난민을 돕는 방법은 여러 가지가 있을 겁니다. 무엇보다도 지속적인 관심이 필요하리라고 생각돼요.

-는 한	-당	★ 누워서 떡 먹기	소득	유니세프
사라지다	겨우	짐작하다	걷다 (돈을)	굶주림
서서히	지속적	꼴찌	충격	모금하다
생기		통	아스피린	시각

Expressions

문법과 표현

① 마음만 먹으면

이번에는 성적이 올라갔구나. - 저는 마음만 먹으면 뭐든지 잘할 수 있어요.
마음만 먹으면 이런 일쯤은 누워서 떡 먹기지요.
우리가 마음만 먹으면 가난한 이웃을 도와줄 수 있습니다.

② A/V-기는커녕

그 옷은 멋있기는커녕 아주 이상하네요.
설날에 떡국을 먹기는커녕 밥도 제대로 못 먹었어요.
방학 동안 여행을 하기는커녕 매일 학교에 나와서 공부만 해야 했어요.

N은/는커녕

저는 떡국은커녕 밥도 제대로 못 먹었어요.
방학 동안 여행은커녕 공부만 해야 했어요.
나는 소주는커녕 맥주도 못 마셔요.

③ V-(으)ㄹ 수조차 없다

너무 슬퍼서 울 수조차 없어요.
너무 피곤해서 움직일 수조차 없었어요.
그런 일은 상상할 수조차 없는 일입니다.

V-기조차

그것은 생각하기조차 싫은 일이다.
걷기조차 힘들 만큼 다리가 아프다.
날씨가 너무 더워서 밤에 잠을 자기조차 어려웠어요.

N조차

학생들은 물론 선생님조차 그 문제를 못 풀었어요.

그 사람을 알기는커녕 만난 일조차 없어요.
너무 슬프면 눈물조차 안 나오지요.

4 A/V-(으)리라(고) 생각하다[믿다, 짐작하다]

그 사실을 아는 사람이 많지 않으리라 생각합니다.
그곳의 경치가 아름다우리라 짐작합니다.
선생님께서는 건강하게 잘 지내시리라 믿습니다.

* 요즘 바쁠 거라고 짐작하지만 제 부탁 좀 들어 주세요.
영숙 씨도 그곳을 좋아할 거라고 생각해요.
사람들은 전쟁이 곧 끝날 거라고 믿고 있습니다.

5 N은/는 고사하고

이번 시험에서 1등은 고사하고 꼴찌라도 안 했으면 좋겠다.
점심 드셨습니까? - 점심은 고사하고 아직 아침도 못 먹었어요.
그 친구한테서는 편지 자주 오니? - 편지는 고사하고 전화도 한 통 없어.

6 V-는 한

내가 살아 있는 한 꿈은 버리지 않을 거야.
정부의 도움이 없는 한 그 문제는 해결되기 어렵다.
건강이 허락하는 한 일을 계속 할 거야.

7 N-당

국민 1인당 평균 소득이 늘었대요.
여기는 주차료가 시간당 얼마예요?
한 사람당 만 원씩 걷어서 음식 값을 냈습니다.

연습

Exercise

① 본문을 잘 읽고 대답하세요.

1) 난민들이 처음 난민촌에 들어올 때는 어떤 상태입니까?
2) 전 세계 난민의 대부분은 누구입니까?
3) 미국과 소련의 대결 시대가 끝났는데도 왜 난민이 없어지지 않습니까?
4) 죽어 가는 어린아이 한 명을 살리는 데 드는 돈은 얼마나 됩니까?
5) 지연이는 이번 여행에서 무슨 생각을 했습니까?
6) 난민을 돕기 위해 무엇보다도 필요한 건 무엇입니까?

② 다음 대화를 완성해 보세요.

1) 가 : 이 책이 저에게 도움이 될까요?
   나 : 물론이지요. ……………………리라 믿습니다.
2) 가 : 김 선생님이 이 소식을 들으시면 놀라시겠지요?
   나 : 그럼요. 아마 충격을 ……………………리라 짐작합니다.
3) 가 : 경제 문제가 잘 해결될 것 같아요?
   나 : 글쎄요. 쉽게 ……………………리라 생각하는데요.
4) 가 : 운동하다가 다리를 다쳤다던데, 언제 걸을 수 있을까요?
   나 : 곧 ……………………리라 생각합니다.
5) 가 : 언제 남북 통일이 될까요?
   나 : ……………………리라 믿습니다.

③ 보기와 같이 대화를 만들어 보세요.

1) 가 : 지금 노래 부를 수 있어요? (목이 아프다, 말)
   나 : 목이 아파서 노래는커녕 말조차 할 수 없어요.
   가 : 노래는 고사하고 말도 할 수 없다고요?

① 가 : 어머니께 자주 편지하십니까? (바쁘다, 전화)
   나 : …………………………………………….
   가 : ……………………………………………?

② 가 : 한국에 왔으니까 제주도 여행은 꼭 해 보세요. (돈이 없다, 설악산)

나 : ______________________________.

가 : ______________________________?

③ 가 : 약국에 가서 감기약을 사 먹었어요? (한국말을 못하다, 아스피린)

나 : ______________________________.

가 : ______________________________?

④ 가 : 난민들은 목욕이라도 자주 할 수 있을까요? (물이 부족하다, 마실 물)

나 : ______________________________.

가 : ______________________________?

⑤ 가 : 점심 먹었어요? (시간이 없다, ________)

나 : ______________________________.

가 : ______________________________?

⑥ 가 : 나하고 몇 시간만 같이 이야기할 수 있어요? (________, ________)

나 : ______________________________.

가 : ______________________________?

2) 가 : 이번에는 성적이 아주 좋구나.
나 : 저는 마음만 먹으면 뭐든지 잘할 수 있어요.

① 가 : 전 세계의 난민이 1,100만 명이나 된대요.

나 : ______________________________.

② 가 : 숙제를 끝내기는커녕 아직 시작조차 못하고 있는데 어쩌지요?

나 : ______________________________.

③ 가 : 저는 배낭여행을 한 번 가 보는 게 소원이에요.

나 : ______________________________.

④ 가 : 대학교 시험이 얼마 안 남았는데 놀기만 하면 어떻게 해?

나 : ______________________________.

CD 2 TRACK 04

④ 유니세프에서 보내는 편지입니다. 잘 듣고 맞으면 O, 틀리면 X 하세요.

1) 내가 유니세프를 위해 일하는 것은 5년째다. ( )
2) 나는 굶주림이나 전쟁으로 고통받는 어린이들을 직접 만난 적은 없다. ( )
3) 유니세프가 어린이들을 돕는 일을 시작한 지 50년이 안 된다. ( )
4) 이것은 고통받는 아이들을 도와달라고 쓴 편지다. ( )

⑤ 친구와 함께 이야기해 보세요.

1) 현재 세계에는 나라나 집을 잃고 떠돌아다니는 난민들이 많습니다. 어느 곳에 어떤 난민들이 있고, 그들이 난민이 된 이유는 무엇입니까?

어디에 어떤 난민이 있어요?	난민이 된 이유는 뭐예요?
①	①
②	②
③	③
④	④
⑤	⑤

2) 여러분이 알고 있는, 난민을 돕는 사람이나 단체에 대해 소개해 보세요.

① 이름
② 하는 일

새 단어

Vocabulary

구(救)하다	어려움을 벗어나게 하다 to save (one's life)
중동(中東)	the Middle East
아프리카	Africa
분야(分野)	a field, one's area of knowledge
난민(難民)	전쟁이나 재난으로 집을 잃은 사람 refugees
르완다	Rwanda
캄보디아	Cambodia
상관(相關)	관계 relation
난민촌(難民村)	난민들이 모여 사는 마을 refugee camp
삽시간(散時間)에	한순간에, 아주 짧은 동안에 in a moment
번지다	그 자리에 있지 않고 다른 곳으로 옮아 가다 to spread
떠돌다	여기저기 돌아다니다 to wander
상태(狀態)	지금의 모양이나 상황 a state, a condition
-기는커녕	on the contrary, far from
삼키다	음식을 목 안으로 넘기다 to swallow
조차	까지도 even
피해자(被害者)	피해를 받은 사람 a sufferer, a victim
차지하다	(수치를) 이루다 to rank
누군가	누구인지는 모르지만 어떤 사람 somebody
소련(蘇聯)	Soviet Union
대결(對決)	서로 맞서는 것 confrontation
은/는 고사(姑捨)하고	setting aside, let alone
-는 한(限)	범위, 한도의 뜻으로 쓰이는 말 as long as, as far as
사라지다	없어지다 to disappear
서서(徐徐)히	천천히, 점점 gradually
생기(生氣)	힘찬 기운 vitality
-당(當)	per, each
겨우	불과 only, just
지속적(持續的)	계속적 to be continuous
누워서 떡 먹기	아주 쉬운 일 a piece of cake, to be easy
짐작(斟酌)하다	to guess
꼴찌	맨 끝, 맨 마지막 the last, the bottom
통(通)	전화나 편지를 세는 단위
소득(所得)	일을 하여 얻은 돈 income
걷다 (돈을)	모으다 to gather
충격(衝擊)	어떤 일로 자극을 받음 a shock

아스피린	aspirin
유니세프	국제 연합 아동 기금 UNICEF
굶주림	먹을 것이 없어 먹지 못함 starvation

20과 누가 한잔 사겠다고 안 하나? CD 2 TRACK 05

다나카 : 회사에서 일이 끝나면 동료들끼리 "오늘 한잔 어때?" 하는 소리를 많이 들었어요. 한국 사람들은 정말 술을 좋아하는 것 같아요.

준석 : 다른 외국 친구들도 그런 말을 해요. 그렇지만 요즘은 건강이나 가족과의 시간을 생각해서 좀 나아진 편이죠. 그래도 직장인들 사이에서는 아직도 퇴근 후 한잔, 또는 2차, 3차라는 말들이 자주 오고 간대요.

다나카 : 그런데 한국 회사에서 좀 일하다 보니 이제 술자리도 일의 연속이라는 말이 조금씩 이해가 가요.

준석 : 그래서 거래 회사와 상담을 하거나 동료들과 원만한 대인 관계를 맺는 데는 술자리가 최고라는 말도 있잖아요.

단어

동료	연속	맺다
소리	거래하다	최고
직장인	상담	
퇴근하다	원만하다	
술자리	대인 관계	

다나카 : 그래도 오후 6시쯤만 되면 기다렸다는 듯이 술집으로 향하는 건 좀 문제가 있는 거 아니에요?

준석 : 물론 그렇지요. 하지만 적당히 마시고 기분 좋게 헤어지기만 하면 좋은 점도 있어요.

다나카 : 그건 그래요. 동료들이나 어렵게만 느껴졌던 상사들과 주거니 받거니 하다 보면 인간적으로 친밀감도 느끼고 이해의 폭도 넓어지는 것 같아요. 그래서 어떤 때는 '누가 한잔 사겠다고 안 하나?' 하고 은근히 기다려진다니까요.

준석 : 하하. 다나카 씨도 이제 한국 사람이 다 됐군요.

다나카 : 그렇지만 아직도 술자리에서 가끔 실수를 하곤 해요.

준석 : 그럴 거예요. 한국에서는 일본에서와 달리 첨잔을 안 해요. 또 술을 따를 때는 지위가 높거나 나이가 많은 윗사람부터 차례로 따르고요. 그 밖에도 다른 점이 있지요.

다나카 : 제가 TV에서 보니까 웃어른과 같이 술을 마실 때는 젊은 사람이 고개를 옆으로 돌린 채 술잔을 손으로 받치고 마시더군요.

준석 : 잘 보셨어요. 앞으로도 한국 친구들과 같이 어울리노라면 한국의 음주 문화를 더 깊이 이해하게 될 거예요.

향하다	실수하다	웃어른	-노라면	★ 자주	송별회
상사	첨잔	-(으)ㄴ 채(로)	음주	인기	예의
친밀감	지위	받치다		게시판	
은근히	윗사람	어울리다		채우다	
가끔	따르다			공장	

Expressions

문법과 표현

① 기다렸다는 듯이

친구가 나를 보자 기다렸다는 듯이 술 마시러 가자고 했다.
언니는 전화가 오자 기다렸다는 듯이 밖으로 뛰어나갔다.
내가 집에 도착하자 어머니께서 기다리셨다는 듯이 나오셨다.

② 주거니 받거니 하다

술잔을 주거니 받거니 하다 보니 어느새 12시다.
친구와 주거니 받거니 하며 이야기하느라고 밤이 새는 줄도 몰랐다.
고향에 있는 친구와 이메일을 주거니 받거니 하며 연락하고 있다.

③ V-(으)ㄴ 채(로)

너무 피곤해서 옷을 입은 채로 잤다.
전화 소리가 나서 신발을 신은 채 집 안으로 들어갔다.
자동차 안에 열쇠를 놓아 둔 채 문을 잠가 버렸어. 어떻게 하지?

④ V-노라면

한국에 사노라면 한국말도 잘하게 되겠지.
자주 만나노라면 그 사람에 대해서 점점 더 알게 될 거야.
공부를 열심히 하노라면 언젠가는 1등 하는 날도 있을 겁니다.

Exercise

연습

① 본문을 잘 읽고 대답하세요.

1) 다나카 씨는 처음에 왜 한국 사람들이 술을 좋아하는 것으로 생각했습니까?
2) 요즘 한국 사람들은 전보다 술을 더 마십니까? 그 이유는 무엇입니까?
3) 술자리도 일의 연속이라는 말은 무슨 뜻입니까?
4) 동료들과 퇴근 후에 가지는 술자리의 좋은 점은 무엇입니까?
5) 한국의 음주 문화가 일본의 음주 문화와 다른 점은 무엇입니까?

② 보기와 같이 연습해 보세요.

피곤하다 / 입다, 자다
가 : 그때는 참 피곤했지요?
나 : 네, 너무 피곤해서 옷을 입은 채로 자 버렸어요.

1) 무섭다 / ________, 자다
2) 화가 나다 / ________, 음식점을 나오다
3) 배고프다 / ________, 먹다
4) 시간이 없다 / ________, ________
5) 바쁘다 / ________, ________
6) ________ / ________, ________

③ 보기에서 알맞은 단어를 골라 ________ 에 써넣으세요.

거래하다	대인 관계	동료	상담하다	상사	실수하다
연속	원만하다	은근히	음주	지위	친밀감

1) 아무에게나 밝게 웃는 그의 얼굴을 보면 누구나 ________ 이/가 든다고 한다.
2) 10년 동안 ________ 왔던 회사가 문을 닫았어요.
3) 그 사람은 성격이 ________ 고 다른 사람들에게 친절해서 인기가 있다.
4) 이번 주말에 우리 회사에서는 모든 ________ 들과 ________ 들이 같이 여행을 한다.
5) 선생님, 우리 아이 문제에 대해서 ________ 고 싶은데요.
6) 준석 씨는 오늘도 늦었군요. 사흘 ________ 지각이네요.

7) 좋은 ______ 을/를 유지하면 회사 생활이 더 재미있을 거야.
8) 적당한 ______ 은/는 건강에 좋다는 연구 결과가 나왔다지만 술을 많이 마시고 ______ 지 않도록 조심해야 한다.
9) 언니는 그 남자를 좋아하지 않는다고 말하지만 내가 보기에는 ______ 그 남자의 전화를 기다리는 것 같다.
10) ______ 이/가 높아지면서 월급도 올라갔다.

④ 다음의 문형을 이용해서 대답을 완성하세요.

기다렸다는 듯이　　V-(으)ㄴ 채로　　V-노라면　　주거니 받거니 하다

1) 가 : 어머니, 언니는 어디 갔어요?
   나 : 응, 조금 전에 전화가 오니까 ______.
2) 가 : 오늘 아침에 누가 문을 열어 놓고 나갔니?
   나 : 미안해. ______.
3) 가 : 2년 동안 같이 지내던 친구가 내일 고향으로 돌아간다면서?
   나 : 그래. 어젯밤에는 ______.
4) 가 : 길이 하도 복잡해서 서울에서 운전할 수 있을지 모르겠다.
   나 : 걱정 마. ______.

CD 2 TRACK 06

⑤ 회사에서 직원들에게 알리는 방송입니다. 잘 들으세요.

1) 잘 듣고 게시판의 빈 곳을 채우세요.

알립니다

누가 : 우리 모두
언제 : ______
어디서 : ______
왜 : ______
얼마를 : ______
연락처 : 880-5488

2) 다음은 들은 내용을 정리한 것입니다. 틀린 부분을 바르게 고치세요.

우리 회사에서 15년간 일해 오신 김 과장님이 부산에 있는 회사 공장으로 옮기게 되었다. 내일 6시에 회사 앞 호프집에서 송별회를 갖기로 했으니 내일은 차를 집에 두고 출근하면 좋겠다.

3) 김영호 씨가 결혼 10주년 기념 사진을 찍는다면 어떤 모습일까요? 아래의 사진 중 틀린 부분을 골라 봅시다.

CD 2 TRACK 06

6 직장의 음주 문화에 대한 조사 결과입니다. 그래프에 번호를 써넣으세요.

1)

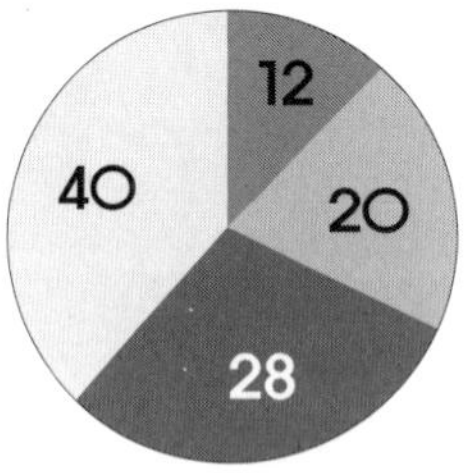

일주일에 몇 번?

① 1번
② 2번
③ 3번
④ 기타

2)

누구와?

① 혼자
② 가족
③ 친구
④ 동료

3)

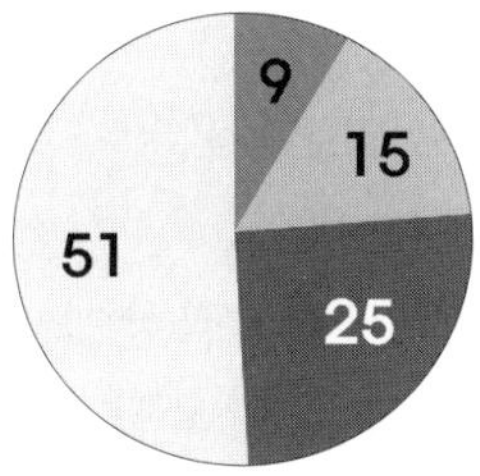

술 마시는 이유?
① 술이 좋아서
② 술자리에 가는 것이 좋아서
③ 스트레스를 풀기 위해서
④ 원만한 대인 관계를 위해서

⑦ 친구와 함께 이야기해 봅시다.

1) 한국에서 술을 마셔 본 경험이 있습니까? 있다면 그때의 경험에 대해 자세하게 이야기해 보세요.

2) 한국의 음주 문화와 여러분 나라의 음주 문화를 비교해서 이야기해 보세요.

	어떤 술을 마셔요?	언제 자주 마셔요?	특별한 음주 문화는?
자기 나라			

3) 여러분이 알고 있는 사람들의 음주 후 습관에 대해서 이야기해 보세요.

4) 술자리에서 지켜야 할 예의에는 어떤 것들이 있다고 생각합니까?

새 단어

Vocabulary

동료(同僚)	같은 곳에서 같은 일을 하는 사람　a colleague
소리	말　words
직장인(職場人)	직업을 갖고 있는 사람, 직장에 다니는 사람　a worker
퇴근(退勤)하다	직장에서 일을 마치고 나오다　to go home from work
술자리	술을 마시고 노는 자리
연속(連續)	계속　succession, a sequence
거래(去來)하다	영리를 목적으로 주고받다, 사고 팔다　to do business (with)
상담(相談)	서로 의논함　consultation
원만(圓滿)하다	문제가 없고 순조롭다　to be harmonious
대인 관계(對人關係)	다른 사람과 사귀거나 상대하는 관계
맺다	서로 인연을 짓다　to tie
최고(最高)	가장 좋음　the best
향(向)하다	어느 쪽으로 가다　to leave for, to be in the direction of
상사(上司)	직장의 윗사람　one's superior
친밀감(親密感)	가깝고 친한 느낌　close relationship
은근(慇懃)히	마음속으로, 다른 사람이 모르게 조용히　inwardly, secretly
가끔	종종　occasionally
실수(失手)하다	잘못하여 일이 잘못되게 하다　to make a mistake
첨잔(添盞)	술이 조금 남아 있는 술잔에 술을 더 따름
지위(地位)	자리, 위치　status
윗사람	자기보다 나이나 신분이 높은 사람
따르다	물이나 술 등을 잔에 붓다　to pour
웃어른	자기보다 나이나 지위가 상당히 높은 사람
-(으)ㄴ 채(로)	그대로　just as it is
받치다	to hold up
어울리다	한데 섞이다, 사귀다　to join
-노라면	-다 보면, 계속 -한다면
음주(飮酒)	술을 마시는 것　drinking
자주	짧은 동안에 여러 번　frequently
인기(人氣)	popularity
게시판(揭示板)	알림판　a bulletin board
채우다	모자라는 것을 더하여 넣다　to fill up
공장(工場)	a factory
송별회(送別會)	멀리 떠나는 사람을 위로하는 모임　a farewell party
예의(禮儀)	공손함　politeness

21과 어느 쪽이든 일장일단이 있을 거야

CD 2 TRACK 07

지영 : 고등학교에 다니는 동생이 있는데 다음 주에 학교에서 인기투표를 한다고 얼마나 신경을 쓰는지 몰라.

은주 : 요즘 갑자기 멋을 내고 친구들에게 전화도 많이 하고 그러지?

지영 : 말도 마. 학교에서 돌아오기가 무섭게 전화를 걸어 대는 바람에 오후에는 전화 쓸 생각도 말아야 해.

은주 : 이해해 줘야지. 우리도 옛날에 그랬잖아.

지영 : 그래도 공부는 뒷전이고 너무 그런 데만 신경 쓰는 것 같아. 내가 동생한테 똑똑하고 공부도 잘하니까 당연히 1등 할 거라고 했더니 꼭 그런 것만은 아니라고 하더라.

은주 : 그건 네 동생 말이 맞아. 심리학자들의 연구에서도 꼭 능력이 뛰어난 사람을 좋아하게 되는 건 아니라는 결과가 나왔대. 하긴 나도 너무 완벽한 사람보다는 가끔 실수도 좀 하는 사람이 더 인간적인 것 같고 친밀감이 느껴지거든.

지영 : 난 오히려 완벽해 보이는 사람이 믿음직하고 매력적으로 생각되더라. 같이 일할 때도 '혹시 이 사람이 실수를 해서 일을 망치면 어쩌나' 하는 불안감도 안 생기고 말이야.

은주 : 그래도 너무 완벽한 사람은 옆에서 봐도 좀 숨이 막히는 것 같아.

지영 : 그래. 어느 쪽이든 일장일단이 있을 거야. 능력도 있고 인간적인 매력이 있는 사람이라면 더 바랄 게 없겠지.

단어

일장일단	-아/어 대다	뛰어나다	망치다	★외모	이상형	장점
투표	-는 바람에	하긴	불안감	살(이) 찌다	성실하다	단점
신경(을) 쓰다	뒷전	완벽하다	숨(이) 막히다	먹음직하다	옷차림	
멋내다	심리학자	믿음직하다		바람직하다	공무원	
-기가 무섭게	능력	매력적		변화	특성	

문법과 표현

Expressions

① (N에) 신경(을) 쓰다

성적에 너무 신경 쓰지 마. 열심히 하면 언젠가는 성적도 좋아질 거야.
요즘 신경을 좀 썼더니 머리가 아프구나.
외모에만 신경을 쓰는 사람은 못 믿겠어.

② N도 마

여행 가는 건 생각도 마! 시간도 없고 돈도 없다면서.
돈 얘기라면 시작도 마. 내일 점심 값도 없다.
그 사람하고는 얘기도 마. 얼마나 나쁜 사람인데.

V-지도 마

그 사람 이야기라면 꺼내지도 마. 생각만 해도 기분이 나쁘다.
그 사람한테 돈 빌려야겠다는 생각은 하지도 마.
지난번 여행에 대해서는 얘기하지도 마. 다시는 같이 안 갈 거야.

③ V-기가 무섭게

신호가 바뀌기가 무섭게 차들이 앞으로 갔다.
방학이 되기가 무섭게 고향으로 돌아갔구나.
1시에 학교 수업이 끝나기가 무섭게 식당으로 달려간다.

④ V-아/어 대다

운동은 안 하고 매일 먹어 대니까 그렇게 살이 찌지.
매일 술만 마셔 대더니 병원에 입원했대.
그렇게 돈을 써 대다가는 큰일나겠다.

⑤ V-는 바람에

아버지께서 화를 내시는 바람에 여행 얘기는 꺼내지도 못했어.
갑자기 여행을 떠나는 바람에 연락을 못 받았어요.
1년 동안 일은 안 하고 노는 바람에 그동안 모아 놓은 돈을 다 쓰고 말았어요.

⑥ N은/는 뒷전이다

일은 뒷전이고 매일 모여서 놀 생각만 한다.
사업은 뒷전이고 술만 마시러 다니면 어떻게 해?

N을/를 뒷전으로 하다

학생이 공부를 뒷전으로 하고 노는 데만 열중하면 어떡하니?
가정을 뒷전으로 하고 사회 활동만 한다.

⑦ 당연히 A/V

돈을 그렇게 써 댔으니까 당연히 돈이 모자라지요.
술과 담배를 많이 하니까 건강이 당연히 나빠지죠.
밤에 늦게 자니까 아침에 당연히 피곤하죠.

A/V-(으)ㄴ/는 것은 당연하다

돈을 그렇게 써 댔으니까 돈이 모자라는 건 당연하죠.
술과 담배를 많이 하니까 건강이 나빠지는 건 당연하죠.
밤에 늦게 자니까 아침에 피곤한 건 당연하죠.

⑧ 믿음직[먹음직, 바람직]하다

그 사람은 믿음직해 보여서 여자들한테 인기가 있다.
시장에 갔더니 먹음직한 과일들이 많이 있더라.
아침에 일찍 일어나서 운동하고 직장에 가면 정말 바람직하겠지.

Exercise

연습

① 본문을 잘 읽고 대답하세요.

1) 요즘 동생에게 갑자기 생긴 변화는 무엇입니까? 그 이유는 무엇입니까?
2) 오후에는 왜 전화 쓸 생각도 못합니까?
3) 동생은 어떤 아이입니까?
4) 은주는 어떤 사람을 좋아합니까? 왜요?
5) 어떤 사람이 바람직한 사람이라고 합니까?

② ______에 알맞은 말을 써넣으세요.

능력	당연하다	말다	멋(을) 내다	믿음직하다
바라다	심리학자	완벽하다	우선	친밀감

1) 지금 배가 고프니까 ______ 식당에 가서 밥부터 먹자.
2) 모든 일을 ______게 처리하려고 하니까 시간도 많이 필요하고 신경도 많이 써야 한다.
3) 보통 사람보다 ______이/가 뛰어난 사람을 찾고 있습니다.
4) 사람들의 마음에 대해서 연구하는 학자들을 ______(이)라고 부른다.
5) 모든 부모님들의 마음은 자식들이 잘되기를 ______는 마음일 것이다.
6) 물건을 샀으면 돈을 내는 것이 ______지요.
7) 시간 없다고 매일 청바지에 스웨터만 입고 뛰어다니더니 오늘은 ______고 예쁘게 앉아 있으니까 다른 사람 같구나.
8) 옆집 가게 아저씨는 누구한테나 먼저 인사를 하니까 금방 ______이/가 든다.
9) 우리 회사에서는 성실하고 ______한 사원을 구합니다.

③ 다음의 문형을 이용해서 대답하세요.

N에 신경 쓰다	N도 마[A/V-지도 마]	V-기가 무섭게
V-아/어 대다	V-는 바람에	N은/는 뒷전이다
V-(으)ㅁ직하다	당연히 A/V	

1) 가 : 어머니, 한 번만 가게 해 주세요. 내 친구들은 다 가는데 이번만 가고 다음에는 절대로 안 갈게요.
나 : 안 돼. ______________________________.

2) 가 : 길에 차도 별로 없고 복잡한 시간도 아니었는데 어떻게 하다가 이런 사고를 냈지?
나 : ______________________________.

3) 가 : 왜 이 식당에 자주 오세요?
나 : ______________________________.

4) 가 : 버스에 책가방을 놓고 왔다고요?
나 : ______________________________.

5) 가 : 이번이 벌써 몇 번째야? 지난번에도 잃어버렸다고 해서 새로 사 주었잖아.
나 : 죄송해요. 이제 조심할게요.
가 : ______________________________.

6) 가 : 조금 전에 저녁밥 먹었잖아. 아이스크림하고 케이크는 왜 또 가져왔니?
나 : 저는 밥 먹어도 금방 또 배가 고픈데요.
가 : ______________________________.

7) 가 : 옆집 학생이 대학 입시에 떨어졌다면서요?
나 : ______________________________.

④ 다음 단어를 알맞게 고쳐서 ________에 써넣으세요.

먹음직하다	믿음직하다	바람직하다

1) ________ 교육은 어린아이들의 성적보다는 성격을 중요하게 생각하는 것이다.
2) 우리 아버지처럼 ________ 남자가 있으면 언제라도 결혼을 하겠는데.
3) 다이어트 중이지만 식탁 위의 ________ 음식들을 보니 참을 수가 없다.

CD 2 TRACK 08

⑤ 은주와 아버지의 대화와 은주와 민석이의 대화를 듣고 아래 표를 완성하세요.

아버지의 이상형		민석
	나이 차	없음
성실하다	성격	
짧은 머리 깨끗한 옷차림	외모	
	술, 담배	
	직업	

⑥ 친구들과 이야기해 보세요.

1) 여러분이 좋아하는 사람과 싫어하는 사람의 특성에 대해서 이야기해 보세요.

	좋아하는 사람의 특성	싫어하는 사람의 특성
나		

2) 완벽에 가까운 사람과 자주 실수를 하는 사람의 장점과 단점에 대해 이야기해 봅시다. 또 여러분은 어떤 사람에게 더 친밀감을 느끼고, 그 이유는 무엇입니까?

	완벽에 가까운 사람	자주 실수를 하는 사람
장점		
단점		
친밀감을 느끼는 쪽, 그 이유?		

새 단어

Vocabulary

일장일단(一長一短)	좋은 점도 있고 나쁜 점도 있다
투표(投票)	a vote
신경(神經)(을) 쓰다	몹시 세심하게 생각하거나 걱정하다 to pay attention
멋내다	멋있게 보이려고 노력하다 to spruce up
-기가 무섭게	-자마자 immediately after
-아/어 대다	정도의 심함을 나타내는 말
-는 바람에	-기 때문에 because
뒷전	뒷일, 관심이 없는 일
심리학자(心理學者)	마음의 움직임을 연구하는 사람 a psychologist
능력(能力)	어떤 일을 할 수 있는 힘이나 기술 ability
뛰어나다	여럿 중에서 훨씬 낫다 to be excellent
하긴	사실 말하자면 for that matter
완벽(完璧)하다	완전하다 to be perfect
믿음직하다	매우 믿을 만하다 to be reliable, to be trustworthy
매력적(魅力的)	사람의 눈이나 마음을 끄는 것 to be attractive
망치다	일이 잘 못 되게 만들다 to ruin, to spoil
불안감(不安感)	불안한 느낌 uneasiness
숨(이) 막히다	마음이 답답하다 to be suffocated, to be choked
외모(外貌)	겉모습 an outward appearance, an external aspect
살(이) 찌다	몸에 살이 많아지다, 뚱뚱해지다 to get fat
먹음직하다	맛있어 보여서 먹고 싶다는 생각을 하게 하다 to look delicious
바람직하다	바랄 만한 가치가 있다 to be desirable
변화(變化)	달라짐 a change
이상형(理想型)	ideal type
성실(誠實)하다	태도나 언행 등이 정성스럽고 참되다 to be sincere, to be faithful
옷차림	옷을 입은 모양 attire
공무원(公務員)	국가의 일을 맡아 하는 사람 public service personnel, a civil servant
특성(特性)	특별한 성질 characteristics
장점(長點)	좋은 점 merits, a good point
단점(短點)	나쁜 점 demerits, a defect

22과 하고 있는 일이 적성에 안 맞아?

CD 2 TRACK 09

인간의 삶에서 가장 중요한 것은 무엇일까? 건강, 돈, 명예, 사랑 등 중요한 것이 많이 있을 것이다. 그러나 사람이 오래 살고, 재산이 많고, 지위가 높고 사랑하는 사람이 있다고 해서 행복해지는 것은 아니다. 아무리 가난해도 보람 있는 삶을 살 수 있다면 그것이 행복한 삶이 아닐까? 그러면 보람 있는 일은 무엇일까? 우리는 대부분의 시간을 일을 하면서 보낸다. 그렇게 일을 하면서 보내는 많은 시간이 즐겁지 않다면 그로 인해서 우리의 삶은 피곤하고 힘들 것이다. 그 많은 시간을 즐겁고 보람 있게 보내기 위해서는 자기가 좋아하는 일을 선택하고, 그 일에 몰두할 수 있어야 할 것이다. 그렇게 하면 그 일을 하는 동안 즐겁고 그 일의 결과에 대해 보람을 느끼게 될 것이기 때문이다.

진수 : 회사를 옮긴 지 일 년도 안 됐는데 또 옮기려고 해?
영미 : 그래. 근무 조건도 안 좋고 월급도 다른 회사에 비해서 적기도 하고.
진수 : 다른 회사 월급이 많아 봤자 얼마나 많겠어? 내가 보기에는 근무 조건은 그만하면 괜찮은 것 같은데.
영미 : 이번에는 아주 그만두고 다른 일을 찾아보려고 해.
진수 : 무슨 말이야? 지금 하고 있는 일이 적성에 안 맞아?

단어

적성	(으)로 인해서	그만하다
삶	근무	아주
명예	-아/어 봤자	

영미 : 그런 것 같아. 월급이나 근무 조건 못지않게 적성도 중요하지 않니? 나하고 좀 안 맞는 것 같아.

진수 : 그건 그렇지. 자기가 하는 일이 적성에 안 맞으면 마지못해 하게 될 뿐이지.

영미 : 그래. 일이 즐겁지 않으니까 다른 생활도 신이 안 나.

진수 : 그건 문제로구나. 직업을 구할 때는 일에 불과한 것보다는 자기가 보람을 느낄 수 있는 일을 선택해야겠지.

못지않게
마지못해
에 불과하다

★ 가뭄
식물
말라 죽다
아예
그저

정성
보험
분위기
어쨌든
규모

대기업
중소기업
여가
보조
어학연수

승진
보장
기혼
취업난
무직

문법과 표현

Expressions

① N(으)로 인해(서)

그는 교통사고로 인해 병원에 입원하고 있다.
그 전쟁으로 인해서 많은 사람들이 목숨을 잃었습니다.
그해 여름은 심한 가뭄으로 인해서 많은 식물들이 말라 죽게 되었습니다.

② A/V-아/어 봤자

비싸 봤자 얼마나 비싸다고 그래? 그 정도는 사 줄 수 있어.
지금 가 봤자 무슨 소용이 있어. 만날 수도 없을 텐데.
해 봤자 안 되는 일이니까 아예 하지 마.

③ 아주 V

이번에 일본에 가신다고요? 아주 가세요?
이제 한국에 아주 돌아오셨나요?
두 사람이 이번에는 아주 헤어졌대요.

④ N(에) 못지않게

동생이 형에 못지않게 운동을 잘해요.
이 도시도 서울 못지않게 교통이 복잡해요.
자동차 산업 못지않게 발달한 분야는 무엇입니까?

⑤ 마지못해 V

먹고 싶지 않은데 마지못해 먹는 것 같았습니다.
마지못해 하는 일은 언제나 잘못되기 쉽지요.
가고 싶지 않았는데 마지못해 따라갔다.

⑥ N-(이)로구나

저 사람이 그 유명한 가수로구나!
이 그림이 바로 금강산을 그린 그림이로구나!
참, 오늘이 공휴일이로구나! 그것도 모르고 우체국에 왔네.

⑦ N에 불과하다

그것은 생각보다 복잡하지 않아요. 간단한 일에 불과합니다.
별로 대단한 일이 아니에요. 그저 누구나 할 수 있는 일에 불과할 뿐이에요.
작은 정성에 불과한 것이니 받아 주세요.

Exercise

연습

① 본문을 잘 읽고 대답하세요.

1) 행복한 삶이란 무엇입니까?
2) 보람 있는 일은 무엇입니까?
3) 영미는 왜 회사를 옮기려고 합니까?
4) 요즘 영미의 생활은 어떻습니까?
5) 직업을 선택할 때는 어떤 일을 선택해야 합니까?

② 다음 ______ 에 알맞은 단어를 골라 쓰세요.

근무 조건　　명예　　보람　　월급　　재산　　적성　　지위

1) 직업을 선택할 때 일하는 시간이나 휴가 등 ______ 이/가 제일 중요해요.
2) 그 일이 자기에게 맞는지는 자신의 ______ 이/가 어떤지에 따라 달라요.
3) 그 사람은 사회적으로 높은 ______ 에 있는 사람처럼 보여요.
4) 그분은 돈보다 ______ 을/를 더 소중히 여긴대요.
5) 어떤 일을 끝냈을 때 ______ 을/를 느낄 수 있도록 열심히 하겠어요.
6) 회사에서 이번 달 ______ 을/를 받으면 보험에 들어야겠어요.
7) 아무리 ______ 이/가 많아도 건강하지 않으면 무슨 소용이 있겠어요?

③ 보기에서 알맞은 문형을 골라 대화를 완성하세요.

A/V-아/어 봤자 N에 못지않게 마지못해 N에 불과하다

1) 가 : 피곤해서 가기 싫다고 하더니 왜 갔어?
   나 : ______________________.
2) 가 : 이번 시험 점수가 잘 나올 것 같다면서?
   나 : ______________________?
3) 가 : 굉장한 일을 했다고 하던데요.
   나 : 뭘요. ______________________.
4) 가 : 그 사람은 사회적인 명예가 있는 사람이니까 모든 사람들이 부러워하겠지?
   나 : ______________________.

CD 2 TRACK 10

④ 라디오 프로그램에 보낸 편지입니다. 잘 듣고 맞으면 O, 틀리면 X 하세요.

1) 옮긴 회사는 근무 조건은 좋은데 회사의 분위기가 마음에 안 든다. ( )
2) 이 사람은 근무 조건 못지않게 사람과의 관계를 중요하게 생각한다. ( )
3) 이 회사의 분위기에 영향을 주는 것은 역시 월급이다. ( )
4) 직장을 옮기는 것은 어쨌든 나쁘다고 생각한다. ( )

⑤ 다음 조건의 세 회사 중에서 어떤 회사를 선택할 것인지, 또 그 이유는 무엇인지 이야기해 봅시다.

조건 \ 회사	가	나	다
회사 규모	대기업	중소기업	중소기업
월급	1,000,000원/월	800,000원/월	2,000,000원/월
보너스	400%	500%	400%
휴가	연 10일	월 2일 외 연 15일	월 1일 외 연 10일
여가 시설	스포츠 센터 있음	없음	스포츠 센터 있음
기타	교육비 보조 (어학연수 등)	능력별 승진 기회 보장	회사 일이 아주 많음

6 다음의 네 사람의 적성과 환경을 생각해서 알맞은 직업을 정하여 봅시다. 그리고 근무 조건을 써넣어 봅시다. (직업 그림을 참고하세요.)

	적성과 환경	직업과 근무 조건
	• 27세 미혼 • 취미 : 여행 • 오전 : 학교에서 미술을 전공하고 있음 • 오후 : 여가 시간 이용	

	적성과 환경	직업과 근무 조건
	• 34세 기혼 • 습관 : 아침에 늦잠을 잠 • 할머니와 아이 2명과 같이 삶 • 맞벌이이며 주말 부부 • 영어 전공	

	적성과 환경	직업과 근무 조건
	• 29세 미혼 • 취미 : 요리, 노래, 기타 • 놀기를 특히 좋아함 • 키가 크다	

	적성과 환경	직업과 근무 조건
	• 30세 미혼 • 외국 유학 • 취업난으로 현재 무직 • 취미 : 운동, 세계 엽서 모으기 • 영어와 중국어를 할 수 있음	

〈여러 가지 직업〉

①

②

③

④

⑤

⑥

⑦
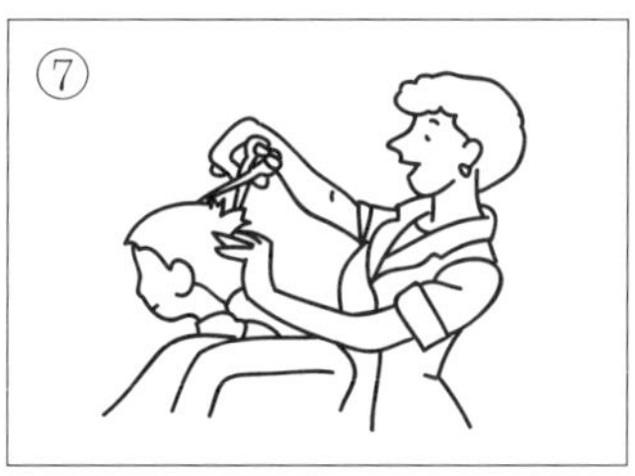

⑧

⑨

⑩

⑪
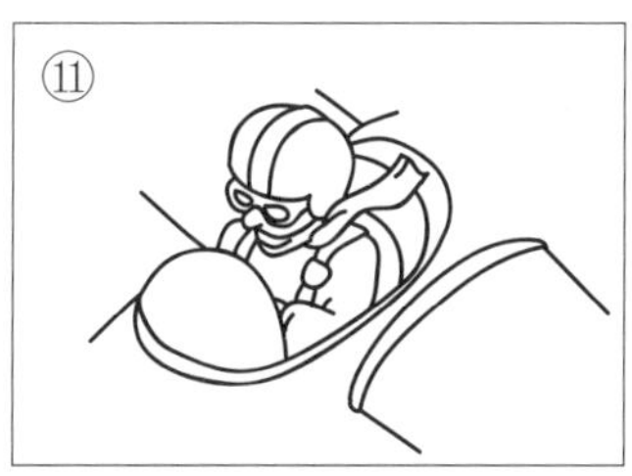

⑫

⑬

⑭

⑮

새 단어

Vocabulary

적성(適性)	무엇에 알맞은 성격 aptitude
삶	사는 일, 생명, 생(生) life, living
명예(名譽)	세상에서 훌륭하다고 인정되는 이름이나 자랑 honor
(으)로 인(因)해서	때문에 because of
근무(勤務)	직업적인 일 work, duty, service
-아/어 봤자	아무리 -아/어도 even though
그만하다	그대로 쓸 만하다, 그 정도이다 to be in the same condition, to be neither better nor worse, to be as much as
아주	완전히 completely, entirely
못지않게	not to be less (than)
마지못해	억지로 unwillingly
에 불과(不過)하다	-에 지나지 않다 to be nothing but
가뭄	오래 비가 오지 않음 drought
식물(植物)	a plant
말라 죽다	물기가 없어져서 죽다 to wither, to dry up
아예	처음부터 from the beginning
그저	특별한 조건 없이 merely, just
정성(精誠)	참되고 거짓이 없는 마음 sincerity
보험(保險)	insurance
분위기(雰圍氣)	atmosphere
어쨌든	하여튼 anyway
규모(規模)	a scale
대기업(大企業)	큰 회사 a large enterprise
중소기업(中小企業)	a small and medium-sized enterprise
여가(餘暇)	여유 시간 leisure, leisure time
보조(補助)	모자람을 도와줌 support, help, aid
어학연수(語學研修)	외국어를 배우는 것 language study and training
승진(昇進)	직장에서 지위가 올라감 promotion
보장(保障)	guarantee, security
기혼(旣婚)	결혼함 married
취업난(就業難)	직업을 갖기 어려움 the difficulty of getting a job
무직(無職)	직업이 없음 unemployed

23과 인터넷은 정말 편리하구나

CD 2 TRACK 11

〈 지연이의 인터넷 하루 〉

09:00 학교 컴퓨터에 인터넷으로 접속하여 출석을 확인 받고, 강의를 듣는다.

13:00 도서관에 들어가 자료를 검색하고 전송 받는다.

14:00 전자 우편으로 대학의 교수님께 보고서를 보낸다.

15:00 인터넷의 가상 카페에서 미국에 유학 간 준석이와 만나 대화를 나눈다.

16:30 동경대학교에 접속하여 특별 강의에 참석한다.

18:00 홈 쇼핑으로 어머니의 생일 선물을 주문하고, 피자 가게에 들러 피자를 주문한다.

19:00 가상 영화관에 접속하여 보고 싶은 영화를 선택하여 본다.

단어

인터넷	검색	보고서	홈 쇼핑
접속하다	전송	가상	
자료	전자 우편	동경	

21:00 홈뱅킹에서 오늘 카드 지출 내역을 확인한다.

21:30 오늘 온 편지를 전자 우편으로 확인하고 내일 친구와 가기로 한 음악회의 표를 예매한다.

지연 : 어머니, 어디 가세요?

어머니 : 방에 놓을 책상 좀 보러 가려고 하는데, 백화점이 좋을지 가구점이 좋을지 모르겠구나.

지연 : 어떤 책상을 사시려고요?

어머니 : 글쎄, 앉아서 책도 보고 차도 마시고, 붓글씨 쓰는 데도 이용하고……. 그러면 좀 낮은 책상이 좋겠지?

지연 : 그럼 제가 인터넷으로 가구점에 접속해서 적당한 것이 있나 봐 드릴게요. 그리고 마음에 드는 것이 없으면 원하는 디자인으로 주문하시면 돼요. 그러면 그쪽에서 컴퓨터 그래픽으로 설계해서 보내 줄 거예요.

어머니 : 정말 편리하구나. 인터넷을 통해서 가구도 살 수 있고.

지연 : 그럼요. 인터넷은 정보의 바다라고 하는 말도 있잖아요. 정보의 홍수 속에서 안절부절못하는 사람도 있지만, 잘 이용하면 아주 편리해요. 어머니도 한번 배워 보세요. 앞으로 컴퓨터는 하루라도 없으면 안 되는 물건이 될 거예요.

어머니 : 하지만 모든 일을 컴퓨터에만 의존하다가는 더 중요한 것을 잃게 될지도 몰라.

홈뱅킹	디자인	정보	★ 농사	상식
지출	그래픽	안절부절못하다	파티	시청자
내역	설계	의존하다	지식	박
붓글씨	을/를 통해서		통신	

Expressions

문법과 표현

① A/V-(으)ㄹ지 A/V-(으)ㄹ지

친구의 졸업 선물로 가방이 좋을지 구두가 좋을지 모르겠다.
그가 오늘은 올지 안 올지 모르겠다.
어머니께 먼저 말을 해야 할지 말아야 할지 생각 중이에요.

② N을/를 V-는 데 이용하다

비디오를 외국어 공부하는 데 이용하면 좋을 거예요.
컴퓨터를 자료 정리하는 데 이용하니까 정말 편리하더군요.
저는 책을 사는 데 인터넷을 이용해요.

N을/를 N에 이용하다[N에 N을/를 이용하다]

비디오를 외국어 공부에 이용하면 좋을 거예요.
쓰레기를 재활용하여 농사에 이용합시다.
요즘은 병원 예약에도 컴퓨터를 이용합니다.

③ N을/를 통해(서)

그 회사는 신문을 통해 합격자 발표를 한대요.
지연이 생일 파티에 갈 수 없어서 민수를 통해 선물만 보냈다.
책을 통해서 우리는 많은 지식을 얻게 됩니다.

④ 안절부절못하다

가족들은 수술 결과를 안절부절못하며 기다렸다.
왜 그렇게 안절부절못해? 무슨 큰일이라도 생겼니?
여자 친구가 오랫동안 연락이 없어서 나는 안절부절못하고 전화를 기다렸다.

⑤ 한 N(이)라도 V-(으)면 (안 되다)

내가 준 책을 한 권이라도 잃어버리면 안 돼. 알았지?
내일은 시험 보는 날입니다. 한 사람이라도 결석하면 안 됩니다.

* 여기에 있는 과자를 하나라도 먹으면 안 돼.
하루라도 단어를 안 찾으면 안 됩니다.

Exercise

연습

① 본문을 잘 읽고 대답하세요.

1) 인터넷으로 무엇을 할 수 있습니까?
2) 전자 우편을 무엇에 이용합니까?
3) 인터넷으로 어떻게 가구를 살 수 있습니까?
4) 지연이는 인터넷에 대하여 어떻게 생각합니까?
5) 어머니는 컴퓨터를 사용하는 것에 대하여 어떻게 생각합니까?

② 대화들에 공통적으로 들어가는 말을 보기에서 골라 ....에 써넣으세요.

안절부절못하다	의존하다	이용하다	접속하다

1) 가 : 왜 갑자기 비디오를 사셨어요?
나 : 불어 공부에 ....
가 : 그래요. 외국어 배우는 데에 .... 좋겠군요.
2) 가 : 이 많은 자료를 어떻게 구하지요?
나 : 간단해요. 인터넷에 .... 자료를 검색하면 돼요.
3) 가 : 이 시간에 왜 집 앞에 나와 있어요?
나 : 밤이 늦었는데 지연이가 전화조차 없이 안 들어오네요.
가 : 아, 그래서 .... 밖에 서 있는 거군요.

4) 가 : 그 문제를 부모님과 의논해야 할지 말아야 할지 모르겠네요.
   나 : 이제 어른이니까 부모님께 ________ 말고 스스로 해결해 보세요.

③ 다음 문장을 완성하세요.

(없다)
이 양념들은 불고기 만들 때 꼭 필요한 것들이니까 한 가지라도 없으면 안 돼요.

1) (잃어버리다)
   이 사진들은 입학 원서에 붙일 거니까 ________________.
2) (없어지다)
   이 책들은 도서관에서 빌려 온 거니까 ________________.
3) (안 부치다)
   이 편지들은 중요한 것들이니까 ________________.
4) (마시다)
   냉장고 안의 맥주는 손님들에게 드릴 거니까 ________________.
5) (늦다)
   내일은 정각 9시에 출발하니까 ________________.

④ 문장을 완성하세요.

1) 보기에서 알맞은 단어를 골라 ______에 써넣으세요.

가상	검색	내역	디자인	보고서	홍수

① 이달 지출 ________을/를 알고 싶으면 민수 씨에게 말하세요.
② 하나하나 자료를 ________하려면 시간이 많이 걸릴 거예요.
③ 어떤 ________의 세계를 상상하곤 합니까?
④ 신문과 방송, 잡지 등을 통해서 쏟아지는 수많은 말을 보고 듣다 보면 정말 말의 ________ 시대에 살고 있다는 기분이 든다.

2) 보기에서 알맞은 단어를 골라 ______에 써넣으세요.

설계	전송	접속	주문	확인

① 가 : 여기 ______한 물건 왔습니다.
   나 : 저는 ______한 적이 없는데요. 다시 한 번 ______해 보세요.

② 가 : 이건 영국 박물관에 있는 그림인 것 같은데 어디에서 구했어요?
   나 : 어제 인터넷에 ______해서 마음에 드는 그림이 있어서 ______ 받은 거예요.

③ 가 : 어떤 생각을 할 때 제일 행복해요?
   나 : 당신과 함께 미래를 ______하는 것을 상상할 때 정말 행복해요.

CD 2 TRACK 12

⑤ 다음은 방송 프로그램 안내입니다.

1) 잘 듣고 빈 곳을 채우세요.

서울교육방송	
5:00	재미있는 ______
6:00	______ 시작하기
__:__	PC 통신은 ______
__:__	컴퓨터 ______ 상식

2) 아래의 사람들은 어느 프로그램을 보면 좋을까요?

시청자	프로그램 이름
인터넷을 전혀 모른다.	
아침이 되면 자기도 모르게 컴퓨터로 가서 하루 종일 붙어 있다.	
집에서 컴퓨터로 쇼핑을 하고 은행 일도 하고 싶다.	
컴퓨터를 통해 영어를 배우고 싶다.	

⑥ 친구와 함께 이야기해 보세요.

1) 인터넷은 정보의 바다라고 합니다.

① 여러분은 인터넷을 이용하고 있습니까? 무엇을 하는 데 이용하고 있나요? 여러분이 찾아낸 새로운 정보도 함께 얘기하세요.

② 인터넷의 좋은 점과 나쁜 점에 대해 얘기하세요.

2) 컴퓨터의 발달로 세상은 빠르게 변하고 있습니다. 어떤 것이 더 좋아지고 어떤 것이 더 나빠질까요?

좋아지는 것	나빠지는 것
①	①
②	②
③	③
④	④

3) 만약 여러분에게 2박 3일 동안 컴퓨터 한 대와 백만 원을 쓸 수 있는 신용카드가 주어진다면 컴퓨터를 무엇에 이용하며 보내겠습니까?

1일째	
2일째	
3일째	

새 단어

Vocabulary

인터넷	internet
접속(接續)하다	연결하다 to connect
자료(資料)	materials, data
검색(檢索)	찾음 search
전송(電送)	electrical transmission
전자 우편(電子郵便)	e-mail
보고서(報告書)	주어진 주제에 대해 조사한 것을 쓴 글 a report, a paper
가상(假想)	현실에 없는 것을 있다고 생각하는 것 to be virtual
동경(東京)	일본의 수도 Tokyo
홈 쇼핑	home shopping
홈뱅킹	home banking
지출(支出)	돈을 씀 expenditure, expenses
내역(内譯)	자세한 내용 an itemized list, detailed
붓글씨	붓으로 쓰는 글씨 calligraphy
디자인	design, designing
그래픽	graphic
설계(設計)	a plan
을/를 통(通)해서	through, via
정보(情報)	information
안절부절못하다	불안하여 초조해하다 to be restless, to be nervous
의존(依存)하다	의지하다 to depend
농사(農事)	agriculture, farming
파티	a party
지식(知識)	knowledge
통신(通信)	correspondence, communication
상식(常識)	일반 사람으로서 가져야 할 일반적인 지식, 이해력, 판단력 common sense
시청자(視聽者)	텔레비전을 보는 사람 the TV audience
박(泊)	stay

24과 아리랑 아리랑 아라리요

CD 2 TRACK 13

아리랑 아리랑 아라리요
아리랑 고개로 넘어간다
나를 버리고 가시는 님은
십 리도 못 가서 발병 난다

아리랑은 '아리랑' 이나 '아라리' 또는 그와 비슷한 소리를 노래의 앞이나 뒤 또는 중간에 끼워 사용하는 여러 민요들을 가리키는 말로 전국에 널리 퍼져 있다. 그 내용은 대개 그 지역 민중의 일상적인 생활 모습과 감정들이다. 그래서 아리랑 노래에는 논과 밭, 혹은 산이나 강에서 일하며 부른 '일 노래' 와 즐겁게 놀며 부른 '놀이 노래' 가 있다. 온갖 삶의 어려움과 즐거움을, 절망과 희망을, 그리고 사랑과 이별을 노래하는 아리랑은 이렇듯 민중 자신을 표현하는 노래이다. 그러한 여러 삶의 모습과 감정을 그리는 노랫말의 종류가 정선 지역에서만 400~500개에 이르고 있다고 한다.

올가　: 선생님, 한국에서 가장 널리 알려진 민요는 뭐예요?
선생님 : 아리랑이지요. 국내에서든지 국외에서든지 한국인들이 하나라는 것을 확인하고 싶어할 경우에는 아리랑을 함께 부르죠.

단어

끼우다	민중	혹은	절망
민요	일상적	강	이렇듯
가리키다	논	온갖	이르다
널리	밭	어려움	국외

마이클 : 저는 한국 친구에게 아리랑을 배운 적이 있어요. 노래말이 단순해서 기억하기 쉽고 가사를 쉽게 바꿀 수 있어서 여럿이 함께 부르기가 좋더군요.

선생님 : 그래요. 아리랑은 노래하는 부분이 흔히 '혼자소리' 와 '무리소리' 로 나뉘지요. 개인적으로는 '한' 을 풀고 집단적으로는 '흥' 을 돋우는 노래 방식에 바탕을 두고 있는 거예요.

미치코 : '아리랑' 이나 '아라리' 같은 소리는 무슨 뜻이 있나요?

선생님 : 여러 가지 얘기가 있지만 아무 의미 없이 그저 가락이 이어져 나가도록 돕는다는 학설이 지배적인 편이죠.

마이클 : 아리랑은 지역에 따라 성격이 조금씩 다르다고 들었어요.

선생님 : 맞아요. 우리가 많이 부르는 아리랑은 '경기 아리랑' 이라고 불리는 것인데, 좀 현대적으로 대중가요화된 것이죠. 전통 민요 아리랑은 크게 '정선 아리랑', '진도 아리랑', '밀양 아리랑' 으로 나뉘어요.

미치코 : 저는 아리랑이 하나뿐인 줄 알았어요.

단순하다	무리	돋우다	★ 책임	국물
가사	나뉘다	바탕(을) 두다	타자기	
여럿	한	가락	체험	
부분	집단	학설	국화	
흔히	흥		여왕	

문법과 표현
Expressions

① N(으)로(서)

나는 한국에 학생으로 왔어요.
그 회의에 기자로서 참석했어요.

N은/는 .... N(으)로(서)

나는 부모로서 이 일에 책임을 느낀다.
추석은 한국인의 가장 큰 명절로서 많은 사람들이 고향을 찾는 날이다.
가을은 독서의 계절로 책 읽기에 좋다.

② N에 이르다

이 도시의 인구는 천만에 이른다.
자동차가 매년 늘어나서 100만 대에 이르고 있다.
이 학교를 졸업한 학생들이 수백 명에 이르고 있다.

V-기에 이르다

과학의 발달로 달나라까지 여행 가기에 이르렀다.
나라가 망하기에 이르자 백성들이 나라를 구하려고 나섰다.
컴퓨터의 발달로 타자기가 없어지기에 이르렀다.

③ N(이/에서)든지 N(이/에서)든지

불고기든지 비빔밥이든지 다 맛있어요.
월요일이든지 화요일이든지 저는 아무때나 괜찮아요.

서울에서든지 시골에서든지 쓰레기 문제가 심각하다.
설악산이든지 한라산이든지 가을에는 어디든지 사람들로 가득 찬다.

A/V-든지 A/V-든지

아침을 먹든지 늦잠을 자든지 상관하지 마세요.
싸든지 비싸든지 사야 합니다.
가든지 말든지 그냥 둡시다.

④ N이/가 N(으)로 나뉘다

한국이 남과 북으로 나뉘었어요.
한국어반은 몇 반으로 나뉘어 있습니까?
그 책은 1권과 2권으로 나뉘어 있어요.

⑤ N에 바탕을 두다

이 영화는 유명한 역사 소설에 바탕을 두고 만들어졌다.
경제 발전은 끊임없는 새 기술 개발에 바탕을 둬야 한다.
이것은 작가 자신의 체험에 바탕을 두고 쓴 책이다.

⑥ N(이)라고 불리다

서울은 옛날에 한성이라고 불렸다.
한국의 국화는 무궁화라고 불리는 꽃입니다.
그 선생님은 무서워서 호랑이 선생님이라고 불립니다.

연습
Exercise

① 본문을 잘 읽고 대답하세요.

1) 아리랑의 가사는 대개 어떤 내용입니까?
2) 한국인들은 어떤 경우에 아리랑을 함께 부릅니까?
3) 아리랑은 보통 어떤 방식으로 노래를 합니까?
4) '아리랑' 이나 '아라리' 의 뜻은 무엇일까요?
5) 전통 민요 아리랑에는 무엇 무엇이 있습니까?
6) 우리가 많이 부르는 아리랑은 무슨 아리랑입니까?

② 보기와 같이 대화를 만들어 보세요.

1) 어느 나라 음식, 잘 만들다
가 : 어느 나라 음식을 잘 만들어요?
나 : 한국 음식이든지 외국 음식이든지 다 잘 만들어요.

① 어떤 노래, 좋아하다
② 어느 곳, 여행 가고 싶다
③ 어떤 운동, 잘하다
④ 어떤 색깔, 마음에 들다
⑤ ...., ...

2) 친구들, 안 오다
가 : 친구들이 일찍 안 오면 어떡하죠?
나 : 오든지 안 오든지 그냥 떠납시다.

① 이 선물, 안 좋아하다
② 날씨, 나쁘다
③ 시간, 없다
④ 그 길, 막히다
⑤ ...., ...

③ 맞는 말에 O 하세요.

1) 아리랑은 한국 민요 중 제일 많이 (알린, 알려진, 알려 준) 노래다.
2) 5월은 가장 아름다운 달이라서 사람들로부터 '계절의 여왕'이라고 (부른다, 불린다, 부르고 있다).
3) 한국 땅은 남과 북으로 (나누어, 나뉘어, 나누고) 있다.
4) 구두쇠란 바로 나와 같은 사람을 (가르치는, 가리키는, 가르친) 말이다.
5) 옛날에는 단순히 생활 감정을 표현하던 아리랑이 지금은 민족의 노래로 (바꿨어요, 바꾸고 있어요, 바뀌었어요).
6) 컴퓨터의 발달로 집에서 학교 수업을 받기에 (이르렀어요, 일러요, 일렀어요).
7) 떡국은 설날에 먹는 (음식으로써, 음식으로서, 음식이라도) 쇠고기 국물에 떡을 넣어 끓인 음식이다.

④ 보기에서 알맞은 말을 골라 ______ 에 써넣으세요.

개인적	일상적	지배적	지속적	집단적	현대적

1) 그 화가는 민중의 ______인 생활 모습을 주로 그렸다.
2) 유니세프는 고통받는 어린이들에게 50여 년 전부터 ______으로 관심을 가지고 돕고 있다.
3) 나라의 경제가 어렵다는 생각이 사람들 사이에 ______이지만, 내 ______인 생각으로는 곧 나아질 것 같다.
4) 여러 사람이 ______으로 행동하기 전에 먼저 대화를 해 봅시다.

CD 2 TRACK 14

⑤ 아리랑에 대한 대화입니다. 두 사람의 대화를 듣고, 공책에 들은 것을 써 보세요.

민요는
1. 일이나 ______ 을/를 하면서 생겼다.
2. ______ 때 부르거나 살면서 느끼는 ______ 을/를 표현한다.
3. 민중들이 스스로 만들었다. ______ 에 바탕을 둔 예술이다.
4. 노래하면서 서로가 한 ______ 임을 확인한다.

⑥ 친구와 함께 이야기해 보세요.

1) 아리랑 가사를 바꿔서 불러 봅시다.

2) 여러분 나라에서 가장 널리 알려진 노래나 민요는 무엇입니까? 무엇에 대한 노래입니까?

새 단어

Vocabulary

끼우다	좁은 사이에 밀어 넣다 to insert, to put (a thing) between
민요(民謠)	folk song
가리키다	지시하다 to indicate, to designate
널리	넓게 widely, broadly
민중(民衆)	people, public
일상적(日常的)	늘 있는 예사로운 것 every day, daily
논	rice field
밭	(ordinary) field
혹(或)은	또는 or, either or
강(江)	a river
온갖	모든 종류의 all, every
어려움	어려운 점 difficulty
절망(絕望)	희망이 없어짐 despair, hopelessness
이렇듯	이와 같이 like this
이르다	달하다 to attain (to), to reach
국외(國外)	외국, 나라 밖 abroad, overseas
단순(單純)하다	간단하여 복잡하지 않다 to be simple, to be plain
가사(歌詞)	노래의 내용이 되는 글 lyrics
여럿	많은 수, 많은 사람 a large number, many people
부분(部分)	전체 중의 하나 part, portion
흔히	자주, 보통 commonly, usually
무리	모인 사람 group, company
나뉘다	하나로 되어 있는 것이 둘 이상으로 갈라지다 to be devided
한(恨)	오래된 슬픔이나 괴로움 a grudge, bitterness
집단(集團)	단체, 모임 group, mass
흥(興)	흥미, 재미 interest, fun
돋우다	to encourage, to inspire
바탕(을) 두다	to be based on, to be founded on
가락	음조 tune, tone, key
학설(學說)	이론 a theory
책임(責任)	꼭 하기로 하고 맡은 일 a duty, responsibility
타자기(打字機)	타이프라이터 a typewriter
체험(體驗)	몸으로 직접 경험한 것 (personal) experience
국화(國花)	그 나라의 꽃 the national flower
여왕(女王)	여자 왕 a queen
국물	soup

25과 흥부와 놀부

CD 2 TRACK 15

때 : 옛날

곳 : 어느 마을

나오는 사람 : 엄마 제비, 아빠 제비, 새끼 제비1·2, 흥부, 흥부 아내, 아이1·2·3, 놀부, 놀부 아내, 박씨1·2, 박1·2, 도깨비, 해설자

해설자 : 이 이야기는 착한 동생 흥부와 나쁜 형 놀부의 이야기입니다. 놀부는 부모님의 재산을 혼자 갖고 흥부네 식구들을 내쫓았습니다. 그래서 흥부는 매우 가난하게 살고 있었습니다. (아이들, 모두 자루 같은 옷에 머리만 밖으로 내밀고 있다)

아이1 : 엄마, 배고파. 밥 좀 줘.

아이2 : 엄마, 우린 언제 좋은 옷 입고 맛있는 음식을 먹어 보지? 큰아버지 댁에서는 어제 맛있는 것 먹던데.

아이3 : 이 더운 여름에 이렇게 같이 있으니까 더 덥잖아.

흥부 아내 : 여보, 아이들 옷이라도 좀 잘 입혔으면 좋겠어요.

흥부 : 조금만 기다려요. 며칠 후에 형님한테 다시 가 볼 테니까.

흥부 아내 : 가지 마세요. 지난번처럼 또 형님한테 야단만 맞을 텐데.

단어

제비	씨	식구	내밀다
새끼	도깨비	내쫓다	큰아버지
박	해설자	자루	

아이들 : 엄마, 아빠, 배고파요.
흥부,흥부 아내 : 어휴, 언제나 밥 좀 실컷 먹일 수 있을까?

해설자 : 그러던 어느 날 흥부네 집 지붕에 예쁜 제비 한 쌍이 날아왔습니다.

엄마 제비 : 여보, 이 집이 괜찮은데 강남 갈 때까지 여기서 삽시다.
아빠 제비 : 좋아요. 가난하기는 하지만 착한 사람들 같으니까 여기에 집을 지읍시다.

해설자 : 얼마 후 예쁜 제비 새끼들이 태어났습니다. 그러던 어느 날 뱀이 새끼 제비를 잡아먹으려고 하자, 뱀을 피하려던 새끼가 그만 땅에 떨어져 다치고 말았습니다.
(몇 바퀴 돌다 새끼 제비가 넘어진다)

새끼 제비 : 아야, 다리가 부러졌나 봐. 아야.
흥부 : (달려오며) 아니, 제비 새끼가 떨어져서 다쳤잖아. 여보, 약 좀 빨리 가져와요.
흥부 아내 : (달려오며) 왜 그러세요? 아니, 귀여운 새끼 제비가 다쳤군요. 쯧쯧.
흥부 : 이렇게 약을 바르고 헝겊으로 잘 맸으니까 괜찮을 거야.
새끼 제비 : 고맙습니다. 이 은혜는 잊지 않고 꼭 갚겠습니다.

지붕	뱀	넘어지다	바르다 (약을)	갚다
쌍	피하다	부러지다	헝겊	
강남	바퀴	쯧쯧	은혜	

해설자 : 가을이 되어 제비들은 따뜻한 남쪽 나라로 날아갔습니다.

제비 가족 : (무대를 돌며) 고맙습니다. 안녕히 계세요.
흥부네 가족: 잘 가. 내년에 또 와.

해설자 : 추운 겨울이 가고 봄이 돌아왔습니다. 작년에 강남으로 갔던 제비가 다시 돌아왔습니다.
(새끼 제비가 박씨1과 함께 나타난다)

흥부 : 아니, 저 제비는 작년에 다쳤던 그 제비 아니야.
흥부 아내 : 그렇군요. 아휴, 굉장히 컸네. 아직도 다리에 헝겊을 매고 있군요.
흥부 : 아니, 그런데 우리 마당에 뭘 떨어뜨리네.
(새끼 제비가 박씨1을 두고 무대 밖으로 나간다)
흥부 아내 : 여보, 이건 박씨예요.
흥부 : 그렇군. 한번 심어 봅시다.

해설자 : 흥부와 아내가 박씨를 심자마자 신기한 일이 벌어졌습니다.

흥부,흥부 아내: 아니, 이럴 수가…….
흥부 아내 : 벌써 싹이 나오는데요.

심다　　벌어지다　　싹

(박씨1이 싹, 꽃, 박을 차례로 보여 준다)

흥부 : 아니, 벌써 꽃이 피잖아.

흥부 아내 : 벌써 박이 다섯 통이나 열렸어요.

흥부 : 어서 아이들을 불러 박을 잘라 봅시다.

흥부 아내 : 그래요. 배가 고프다고 계속 졸랐는데 이 박을 잘라서 끓여 먹이면 되겠어요.

흥부,흥부 아내 : 얘들아! 박 좀 잘라 보자. (박1을 보며)

아이1 : 어머, 웬 박이 이렇게 크지?

아이2 : 와, 맛있겠다.

아이3 : 얼른 잘라서 끓여 먹자. 배고파 죽겠는데.

흥부 : 그래, 잘라 보자. (박1을 이리저리 만져 보며)
이 박이 제일 잘생겼는데 이 박부터 잘라 봅시다.

흥부네 : 슬근슬근 톱질하세. 슬근슬근 톱질하세.
('펑' 하며 박1이 차례로 보물, 옷, 돈을 보여 준다)

흥부 : 아니, 이게 웬 보물이야.

흥부 아내 : 아니, 이게 웬 옷이에요.

아이들 : 엄마, 여기 돈 좀 봐.

해설자 : 흥부네 가족이 박을 자를 때마다 온갖 보물이 계속 쏟아져 나와 흥부네는 금방 부자가 되었습니다. 이 소식을 듣고 욕심 많은 놀부가 달려왔습니다.

열리다 (과일이)	슬근슬근	펑	욕심
조르다	톱	보물	
만지다	-질	금방	

놀부 : (뛰어오며) 얘, 흥부야. 너 요즘 주로 밤에 나간다더니 도둑질을 하는 모양이구나.

흥부 : 도둑질이라뇨? 형님. 그게 아니고 사실은 이러이러하고 저러저러해서 부자가 됐습니다.

놀부 : 뭐라고? 제비 다리를 고쳐 줘서 이렇게 됐다고? 알았다. 그럼 또 보자. (빨리 집으로 달려간다)

놀부 : 여보, 여보, 빨리 새끼 제비 좀 잡아와요.

놀부 아내 : 새끼 제비라니요? 이런 추운 겨울에 제비가 어디 있어요?

놀부 : 에이 참, 제비가 있어야 다리를 고쳐 주지. 할 수 없군. 아무 제비나 잡아와 다리를 부러뜨리는 수밖에.
(놀부가 제비를 강제로 끌고 온다)

제비 : 싫어요. 저 좀 놓아 주세요.

놀부 : 글쎄 할 수 없다니까. 뱀도 없고 제비도 별로 없으니 네 다리를 그냥 부러뜨릴 수밖에.
(놀부가 제비 다리를 강제로 부러뜨린다)

제비 : 아야, 아야, 아파요.

놀부 : 아휴, 많이 아프지? 내가 얼른 약 발라 줄게.
여보, 뭐 해? 빨리 약 가져와요.

놀부 아내 : (약을 들고 들어오며) 알았어요. 어휴, 저런 얼마나 아플까? 이제 약을 바르고 잘 매었으니 곧 나을 거야.

놀부 : 제비야, 이제 강남으로 갔다가 내년에 올 때 커다란 박

이러이러하다 저러저러하다 부러뜨리다 강제로

씨 몇 개 가지고 와라. 알겠지?

제비 : (다리를 절뚝이며) 두고 보자.

해설자 : 다음 해 봄이 되자 그 제비가 다시 돌아와서 놀부 집에도 박씨를 갖다 주었습니다.
(제비, 박씨2를 무대에 두고 다시 나간다)

놀부 : 여보, 제비가 드디어 박씨를 갖다 줬어요.

놀부 아내 : 얼른 땅에 심읍시다.

놀부 : 어어, 벌써 싹이 나오네, 꽃도 피고. 어, 벌써 박이 열리잖아. (박씨2가 차례로 싹, 꽃, 박을 보여 준다)

놀부 아내 : 우리도 다섯 통이나 열렸는데요.

놀부 : 얼른 제일 큰 저 박부터 잘라 봅시다.
(박2를 놓고 자르기 시작한다)

놀부, 놀부 아내 : 슬근슬근 톱질하세. 슬근슬근 톱질하세.
('펑' 하는 소리와 함께 도깨비가 나타난다)

도깨비 : 이놈, 놀부야. 너는 그렇게 나쁜 짓을 많이 하고 살았다면서?

놀부 : 아닙니다. 저는 그저…….

도깨비 : 그래도 아직 정신을 못 차렸구나.
(놀부의 머리, 몸을 몽둥이로 때린다)

놀부 아내 : 아휴, 살려 주세요. 잘못했으니까 살려 주세요.

절뚝이다 | 정신을 차리다 | 때리다
두고 보다 | 몽둥이

놀부　　　: 네, 이제부터는 착하게 살겠습니다.

놀부　　　: (놀부, 흥부한테 가서) 흥부야, 내가 그동안 너무 나쁜 짓을 많이 해서 미안하다.

흥부　　　: 아휴, 무슨 말씀을요. 형님, 이제 저희 식구와 같이 옛날처럼 재미있게 살아요.

(모두들 손을 잡고 퇴장한다)

해설자　　: 그 후 흥부와 놀부는 오랫동안 행복하게 살았다고 합니다. 감사합니다.

퇴장하다　　★ 인형　　물고기　　가치관

Expressions

문법과 표현

① 그러던 어느 날

할아버지는 날마다 나무로 인형을 만들었다. 그러던 어느 날 '피노키오'라는 작은 남자 아이를 만들게 되었다.
가끔씩 강에서 낚시를 했다. 그러던 어느 날 이상하게 생긴 물고기가 잡혔다.
우리는 크게 말다툼을 하기 시작했다. 그러던 어느 날 그 사람은 12시가 넘도록 들어오지 않는 것이었다.

② N-질

우리 아버지는 낚시질을 좋아하셔서 주말이면 저를 데리고 야외로 나가십니다.
도둑질은 아주 나쁜 거야. 아무리 작은 거라도 남의 것을 훔치면 안 돼.
저는 다리미질을 잘 못해서 양복보다는 청바지를 좋아해요.

③ 두고 보다

두고 보자. 다음에는 꼭 내가 이길 테니까.
두고 봅시다. 이번엔 내가 물러서지만 이 일은 절대로 잊지 않겠어요.

그 사람이 어떤 생각을 하는지는 더 두고 보면 알 거예요.
좀 두고 봅시다. 지금은 아무리 말해도 모를 테니까.

④ 정신(을) (못) 차리다

그렇게 고생을 했으면 이제 정신 차릴 때도 됐지.
그 아가씨가 그렇게 예뻐요? 남자 직원들이 누구나 정신 못 차릴 만큼 말이에요.
요즘 정신을 못 차리겠다. 일이 너무 많아서.

정신(이) 없다

논문 준비하느라고 정신이 없다.

아침에 정신없이 나오는 바람에 숙제를 집에 놓고 왔네요.
음악 소리가 너무 커서 정신이 없어요.

연습
Exercise

① 본문을 잘 읽고 질문에 대답하세요.

1) 흥부는 왜 가난하게 살고 있었습니까?
2) 흥부는 다리가 부러진 제비를 어떻게 해 주었습니까?
3) 제비가 흥부네 집에 떨어뜨린 박씨를 심자 어떤 일이 벌이졌습니까?
4) 흥부의 박씨 이야기를 듣고 놀부는 어떻게 했습니까?
5) 놀부네가 박씨를 심자 어떤 일이 벌어졌습니까?

② 뜻이 통하도록 연결하세요.

1) 뱀을 •   • 열리다
2) 다리가 •   • 쏟아지다
3) 약을 •   • 피하다
4) 박씨를 •   • 부러지다
5) 신기한 일이 •   • 떨어뜨리다
6) 박이 •   • 벌어지다
7) 보물이 •   • 갚다
8) 은혜를 •   • 바르다

③ 앞의 '흥부와 놀부'를 읽고 어떤 사람인지 다음 표에 정리해 봅시다.

	놀부	흥부
가치관, 성격, 생활 태도 등		

**④ 다음 그림을 보고 순서에 맞게 번호를 써넣으세요.
그리고 이야기를 만들어 봅시다.**

(　　)

(　　)

(　　)

(　　)

(　　)

(　　)

(　　)

(　　)

(　　)

새 단어

Vocabulary

제비	a swallow
새끼	동물의 어린 것 the young
박	gourd, calabash
씨	종자 seed
도깨비	ogre, goblin
해설자(解說者)	설명하는 사람 a commentator
식구(食口)	가족 a family member
내쫓다	밖으로 몰아내다 to expel, to turn out
자루	부대 a bag, a sack
내밀다	안에서 밖으로 밀다 to thrust out, to stick out
큰아버지	아버지의 형님
지붕	a roof
쌍(雙)	pair
강남(江南)	중국의 다른 이름
뱀	a snake
피(避)하다	위험에서 벗어나다 to avoid, to escape
바퀴	도는 횟수 round, turn
넘어지다	쓰러지다 to fall (down, over), to tumble (down, over)
부러지다	to be broken
쯧쯧	못마땅함을 나타냄 tsk tsk
바르다 (약을)	to apply an ointment
헝겊	piece of cloth, patch, rags
은혜(恩惠)	고마움 goodness (which deserves gratitude)
갚다	보답하다 to return, to repay, to requite
심다	to plant, to set (out)
벌어지다	일어나다 to happen, to take place
싹	sprout, germ
열리다 (과일이)	열매가 맺혀서 달리다 to bear fruit
조르다	요구하다 to pester, to press something
만지다	to touch, to feel (of)
슬근슬근	톱질할 때 나는 소리 gently
톱	나무나 쇠를 자르는 데 쓰는 도구 a saw
-질	(the act of) doing
펑	갑자기 터지거나 튀는 소리 pop
보물(寶物)	귀중한 물건 treasure, valuable thing
금방(今方)	곧 at once, in an instant

욕심(慾心)	avarice, greed
이러이러하다	so and so, such and such
저러저러하다	so and so, such and such
부러뜨리다	to break off
강제(强制)로	억지로 compulsorily, by force
절뚝이다	절다 to limp, to hobble
두고 보다	to wait and see (how things will shape up)
정신(精神)을 차리다	to be alert, to collect one's mind
몽둥이	방망이 a stick, a club
때리다	치다 to beat, to strike, to hit
퇴장(退場)하다	물러나다 to leave the scene
인형(人形)	a doll, a puppet
물고기	a fish
가치관(價値觀)	the sense of value

26과 희생을 무릅쓰고 지도를 완성했어요

CD 2 TRACK 16

우리나라에 지도다운 지도가 만들어진 것은 19세기에 이르러서였다. 이 지도를 '대동여지도' 라고 하는데, 이는 '김정호' 라는 한 사람의 노력으로 이루어진 것이다. 오늘날에도 정밀하고 과학적인 걸작품이라고 평가받는 이 '대동여지도' 가 만들어지게 된 동기는 '김정호' 의 단순한 호기심 때문이었다. '저 산 너머에 무엇이 있을까?' 하는 어린 시절 궁금증은 지도를 만들어 보겠다는 꿈으로 이어졌고 그 꿈은 그에게 일생을 바쳐 지도를 만들게 하였다.

단어

희생	걸작품	궁금증
을/를 무릅쓰고	평가하다	이어지다
지도	동기	일생
정밀하다	너머	바치다

피터 : 한국의 지도가 언제 처음으로 만들어졌어요?

민수 : 글쎄, 그 정확한 시기는 모르겠어요. 그렇지만 1861년 김정호라는 사람이 처음으로 지도다운 지도를 만들었어요.

피터 : 지도를 만드는 일은 보통 일이 아닐 텐데, 얼마나 걸렸는지 알아요?

민수 : 네, 거의 50년에 걸쳐 만들어졌대요.

피터 : 김정호 혼자 그 긴 세월 동안 지도를 만든 거예요? 그땐 자동차나 기차도 없었는데 얼마나 힘들었을까요?

민수 : 자동차나 기차가 다 뭐예요? 옷 몇 벌만 가진 채로 혼자 걸어서 조선 팔도를 돌아다녔지요. 그런데도 정확한 지도를 만들겠다는 결심을 했기 때문에 전국을 세 번이나 돌며 조사했대요.

피터 : 와, 대단하군요. 전국을 세 번씩이나 돌려면 시간이 꽤 많이 걸렸을 텐데 김정호에게 가족은 없었나요?

민수 : 웬걸요. 가족이 있기는 했지요. 그렇지만 그가 조사를 마치고 집에 돌아왔을 땐 이미 아내는 죽은 후였다는군요.

피터 : 참 안됐네요. 그러니 그동안 가족들의 고생이 오죽했겠어요? 그래도 그렇게 큰 희생을 무릅쓰고 끝내 지도를 완성했군요.

걸치다	★ 보육원	증거	새해
결심	결코	추위	존경하다
오죽하다	과학자	자연	
끝내	한잠	에이즈	

문법과 표현

Expressions

① N을/를 무릅쓰고

이 책은 끔찍한 고통을 무릅쓰고 암을 이겨 낸 사람의 이야기예요.
그녀는 장애인이라는 어려움을 무릅쓰고 에베레스트 정상에 올랐다.
지도를 만드는 일이 그렇게 큰 희생을 무릅쓰고 해야 할 일인가요?

② V-게 된 동기

한국말을 배우게 된 동기가 무엇입니까?
그 사람과 헤어지게 된 동기는 군대 때문이었어요.
처음 술을 마시게 된 동기는 기억이 잘 안 나요.

③ (N에/에게) N을/를 바치다

그는 보육원에 전 재산을 바치고 싶다고 말했습니다.
나라를 위해 돌아가신 분들께 이 꽃을 바칩니다.
내 마음을 다 바쳐 사랑하고 있어요.

V-는 데(에) 일생을 바치다

그분은 암을 치료하는 약을 개발하는 데에 일생을 바친 분입니다.
다른 사람들을 돕는 데 일생을 바치는 것은 결코 쉬운 일이 아닙니다.
저는 우주 로켓을 만드는 데 일생을 바치는 과학자가 되고 싶어요.

④ N이/가 다 뭐예요?

생일에 좋은 선물 받았어요? - 선물이 다 뭐예요? 생일인 줄도 모르던데요.
이번에 보너스 많이 받았어요? - 보너스가 다 뭐예요? 이달에는 월급도 못 받았는데.
여행 갔다 왔어요? - 여행이 다 뭐예요? 감기 때문에 집에만 있었어요.

A/V-(으)ㄴ/는 게 다 뭐예요?

그 두 사람은 아주 친하지요? - 친한 게 다 뭐예요? 싸워서 한 달째 서로 말을 안 하고 있는데.
주말에 잘 쉬었어요? - 쉬는 게 다 뭐예요? 청소하느라고 바빴어요.
어제 잘 잤어요? - 자는 게 다 뭐예요? 모기 때문에 한잠도 못 잤어요.

⑤ V-겠다는 결심을 하다

그 사고를 당하고 수영을 배워야겠다는 결심을 하게 되었습니다.
그때부터 다른 사람에게 부탁하지 않겠다는 결심을 했습니다.
장애인을 돕겠다는 결심을 하게 된 동기는 무엇이에요?

⑥ N이/가 오죽하겠어(요)?

청소를 한 달이나 안 했으니 집이 오죽하겠어?
아이를 잃은 부모의 마음이 오죽하겠어요?
전쟁에 나가 죽었다고 생각했던 사람이 살아 왔으니 그 가족들의 기쁨이 오죽했겠어요?

연습

Exercise

① 본문을 잘 읽고 대답하세요.

1) '대동여지도'는 오늘날 어떻게 평가받고 있습니까?
2) '대동여지도'가 만들어지게 된 것은 무엇 때문입니까?
3) '대동여지도'는 언제 만들어졌고 만드는 데 시간이 얼마나 걸렸습니까?
4) 김정호는 '대동여지도'를 어떻게 만들었습니까?

② 보기와 같이 연습해 봅시다.

가 : 요즘은 시골 공기도 나쁘던데요.
나 : 그러니 서울은 오죽하겠어요?

1) 가 : 아직 5월인데 벌써부터 덥네요.
   나 : ______________________.
2) 가 : 한국 사람인 철수 씨도 한국말이 어렵대요.
   나 : ______________________.
3) 가 : 오늘은 평일인데도 백화점에 사람이 많더군요.
   나 : ______________________.
4) 가 : 이 지하철역은 계단이 많아서 다니기가 힘들어요.
   나 : ______________________.
5) 가 : ______________ ______________.
   나 : ______________________.

③ 보기에서 알맞은 단어를 골라 ______에 넣으세요.

걸치다　고생　시기　완성하다　평가하다　호기심　희생

1) 그 자동차를 한국에서 첫 번째로 좋은 차로 ________ 이유는 간단합니다.
2) 그 할머니는 많은 ________ 을/를 하며 모은 돈을 가난한 사람들에게 나누어 주셨어요.
3) 10여 년에 ________ 연구한 덕분에 훌륭한 결과가 나왔습니다.
4) 이 책이 쓰여진 ________ 은/는 19세기 초입니다.
5) 아이들이 질문을 많이 하는 것은 ________ 이/가 많다는 증거입니다.

④ 다음 문형을 이용해서 문장을 만드세요.

V-겠다는 결심(을) 하다　N을/를 무릅쓰고　V-게 된 동기
V-는 데(에) 일생을 바치다　N이/가 다 뭐예요?

1) 제가 한국말을 ______________ 은/는 여자 친구가 한국 사람이기 때문입니다. (배우다)

2) 가 : 어제 집에 가서 시험공부 좀 했어요?
나 : ....? 들어가자마자 옷도 안 갈아입은 채로 잤는데요.

3) 영하 20도의 추위...................... 40여 일 동안 그곳의 자연환경을 조사했습니다.

4) 저는 의사가 되어 에이즈를 고치는 약을 .... 고 싶습니다. (만들다)

5) 새해에는 담배를 .... 는데 자꾸 피우고 싶어서 큰일이에요. (끊다)

CD 2 TRACK 17

⑤ 다음은 요코의 일기입니다. 틀린 곳에 ✓ 하세요. 그리고 끝까지 써 보세요.

5월 23일

오늘 영민이가 자기 집에 와서 저녁을 먹자고 했다. 그러면서 약도를 그려 주다가 너무 어렵다면서 '김정호'라는 사람에 대해 얘기해 주었다. 김정호는 한국에서 제일 처음으로 지도를 만든 사람이다. 그 사람이 지도를 만들게 된 동기는 잘 모르겠지만, 그가 만든 지도는 지금까지도 칭찬받고 있다고 하니 정말 놀랍다. 게다가 자기 혼자 힘으로 지도를 완성했다니 그 어려움이 오죽했을까?

나라마다 ....

....

....

⑥ 친구와 이야기해 봅시다.

1) 여러분 나라에도 한 가지 일에 몰두하며 일생을 바친 분들이 있지요?
그분들이 어떤 일을 하셨는지 소개해 봅시다.

2) 여러분은 어떤 분을 존경하고 있습니까?
또 존경하는 이유가 무엇인지 이야기해 봅시다.

3) 남편이나 아내의 성공을 위해 여러분은 자신을 희생할 수 있습니까? 희생할 수 없습니까? 자신의 생각을 말해 봅시다.

4) 여러분 나라의 지도를 그리고 설명해 봅시다.

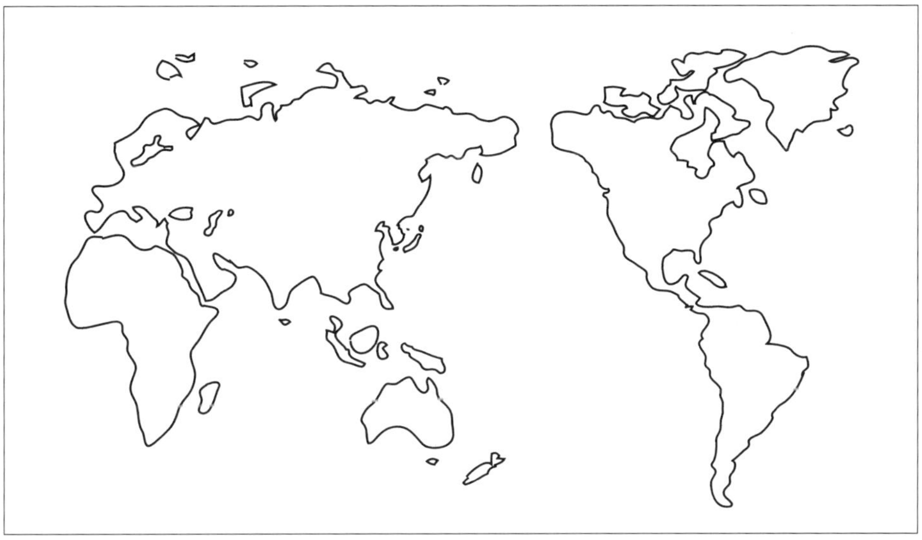

새 단어

Vocabulary

희생(犧牲)	남이나 다른 일을 위해 자신의 것을 바치는 것 sacrifice
을/를 무릅쓰고	에도 불구하고 in spite of, despite
지도(地圖)	a map, an atlas
정밀(精密)하다	정확하고 자세하다 to be minute, to be detailed
걸작품(傑作品)	뛰어난 작품 a masterpiece, a great work
평가(評價)하다	좋고 나쁨을 말하다 to estimate, to evaluate
동기(動機)	어떤 일을 하게 된 이유 a motive
너머	높이나 경계로 가로막은 사물의 저쪽 the other side (of a thing)
궁금증(症)	알고 싶어하는 마음 curiosity
이어지다	계속되다 to be continued, to be linked
일생(一生)	평생, 살아 있는 동안 a lifetime
바치다	희생하다, 드리다 to devote, to offer, to sacrifice
걸치다	to range over a time, to run
결심(決心)	마음을 먹음 determination, resolution
오죽하다	정도가 보통이 아니다 how, how much, very, indeed
끝내	마침내, 결국 in the end, finally
보육원(保育院)	부모나 보호자가 없는 아이들을 받아들여 기르고 가르치는 곳 an orphanage
결(決)코	never, by no means
과학자(科學者)	과학 특히 자연 과학을 연구하는 사람 a scientist
한잠	잠시 자는 잠 a sleep, a snatch of sleep
증거(證據)	evidence, proof
추위	추운 것 coldness, the cold
자연(自然)	nature
에이즈	AIDS
새해	새로운 해 New Year
존경(尊敬)하다	to respect, to esteem

27과 말이야말로 그 사람의 인격을 말해 줍니다

CD 2 TRACK 18

지연 : 평생 남한테 욕 한 번 안 해 본 사람이 있을까요?

민수 : 글쎄요. 아마 없겠지요. 그런데 갑자기 왜 그런 말을 해요?

지연 : 오늘 아침 버스 안에서 학생들이 하는 말을 들었는데 서로 함부로 이야기를 해서 놀랐어요. 요즘 청소년들의 말이 많이 거칠어져서 걱정스러웠어요.

민수 : 욕이나 저속한 말이란 게 보통 친숙한 사이에서 많이 나오게 되잖아요. 말이야말로 그 사람의 인격을 말해 주는데 가까운 사이에서는 괜찮다고 생각하지요.

지연 : 하긴 그래요. 얼마 전에 어느 중학교 전체 학생 가운데 무려 70%가 저속한 말을 쓰고 있다는 조사 결과를 본 적이 있어요. 도대체 그런 좋지 않은 말을 어떻게 배우는 걸까요?

민수 : 대개는 친구를 통해 배우게 되지만 부모님을 비롯한 어른들과 대중 매체를 통해서도 배우지요.

지연 : 저속한 말뿐만 아니라 한동안 쓰이다가 사라지는 유행어를 무작정 따라서 하는 것도 문제가 있다고 봐요. 그런 말을 써 버릇하면 습관이 되잖아요.

민수 : 글쎄요. 꼭 나쁜 면만 있는 건 아니라고 생각해요. 유행어가 오히려 언어생활을 활기 있게 해 주는 긍정적인 면도 있지 않겠어요?

단어

(이)야말로	저속하다	한동안	활기	사치스럽다	적
인격	친숙하다	유행어		신용 카드	냥
욕	무려	무작정	★ 대표하다	초보	빚
청소년	비롯하다	따르다	관광지	양보하다	
거칠다	대중 매체	-아/어 버릇하다	신사	올챙이	

Expressions

문법과 표현

① N(이)야말로

제주도야말로 한국을 대표하는 관광지입니다.
그 사람이야말로 신사 중의 신사지요.
부모님이야말로 제가 가장 존경하는 분이지요.

② N스럽다

이 옷은 내겐 너무 사치스러운 것 같아요.
민수 씨가 상 탄 걸 아시면, 부모님께서 얼마나 자랑스러워하시겠어요?
이번에도 모두가 나의 우승을 기대하고 있어서 부담스럽다.

③ 무려

그 사고로 무려 10명이나 사망했대요.
무려 7만 원이나 주고 그 책을 샀어요.
우리 반 학생 중에서 무려 80%가 아침을 먹지 않는대요.

④ N을/를 비롯하다

이번 회의에는 한국을 비롯한 10개국 대표들이 참석했다.
나를 비롯해서 모두 다 서울대학교에서 한국말을 공부한 학생들이에요.
우리가 실천할 수 있는 환경 보호에는 분리수거를 비롯해서 여러 가지 방법이 있어요.

⑤ 무작정 V

계획도 없이 무작정 일을 시작하면 실패하기 쉽습니다.
답답한 도시 생활이 싫어서 무작정 떠나왔어요.
다른 사람을 무작정 따라하지 말고 네 스스로 방법을 찾아봐라.

6 V-아/어 버릇하다

약도 먹어 버릇하면 습관이 될 거예요.
지하철을 타 버릇하니까 이제는 아주 편해요.
어렸을 때부터 물건을 아껴 버릇해야 커서도 아껴 쓰게 됩니다.

연습

Exercise

1 본문을 잘 읽고 대답하세요.

1) 지연이는 아침에 무엇 때문에 놀랐습니까?
2) 왜 친구 사이에 저속한 말을 하게 됩니까?
3) 어린이들이 저속한 말을 어디서 배웁니까?
4) 지연이는 왜 유행어에 문제가 있다고 말합니까?
5) 유행어를 쓰는 것이 어떤 면에서 긍정적이라고 합니까?

2 보기에서 알맞은 단어를 골라 ______에 넣으세요.

대표	무려	무작정	버릇하다	부담스럽다
비롯하다	사치스럽다	예의	청소년	친숙하다

1) 마이클 씨가 새 구두를 샀는데 ______ 10만 원이나 줬대요.
2) 아침에 일찍 일어나 ______니까 이제는 힘들지 않아요.
3) 선물은 받는 사람이 ______ 않을 정도의 것이 좋다.
4) 처음에는 컴퓨터 사용하기가 힘들었는데 이제는 어ㄴ 정도 ______졌어요.
5) 그렇게 비싼 옷은 학생에게는 너무 ______ 것 같아서 싫어요.
6) ______ 때에는 누구나 빨리 어른이 되고 싶은가 봐요.
7) 아무 계획도 없이 ______ 신용 카드를 써 대면 어떻게 해요?

8) 올가 씨가 학생 ______________(으)로 회의에 참석했어요.
9) 가까운 사이에도 ______________이/가 있어야 한다.
10) 우리 반에는 윌슨 씨를 ______________ 하숙집에서 사는 사람이 모두 다섯이나 돼요.

CD 2 TRACK 19

③ 지연과 준석의 대화입니다. 잘 들으세요.

1) 요즘 지연이의 경우에 모두 O 하세요.
① 시내에 나갈 때 '초보 운전' 이라고 붙이지 않았다. ( )
② 운전 시험에 못 붙어서 오빠에게 야단을 맞았다. ( )
③ 운전하면서 양보해 주지 않는 차들 때문에 당황했던 적이 있다. ( )
④ 아직도 운전해서 시내에 못 가 봤다. ( )
⑤ 다른 차들에게 양보를 잘하겠다고 결심했다. ( )

2) 이야기해 봅시다.
① '개구리 올챙이 적 생각 못한다' 는 말은 무슨 뜻입니까?
② '개구리 올챙이 적 생각 못한다' 는 말을 왜 했을까요?

④ 친구와 이야기해 봅시다.

1) 욕이 필요하다고 생각하십니까? 왜 그렇습니까?

2) 요즘 유행하는 말에는 어떤 것이 있습니까? 어디에서 들었습니까?
어떤 뜻이고 어떤 경우에 사용합니까?

3) 유행어의 긍정적인 면과 부정적인 면에 대해 이야기해 봅시다.

4) 다음은 말에 관한 속담입니다. 어떤 뜻인지 생각해 봅시다.

① 발 없는 말이 천 리 간다.

② 가는 말이 고와야 오는 말이 곱다.

③ 말 한마디에 천 냥 빚도 갚는다.

④ 말이 씨가 된다.

5) 여러분의 나라 말 가운데 잘못 사용하면 상대방의 기분을 나쁘게 하는 말이나 행동이 있습니까? 친구들과 이야기하고 다음 표에 정리해 보세요.

나 라	말	행 동

새 단어

Vocabulary

(이)야말로	indeed, just
인격(人格)	그 사람이 갖고 있는 기본적인 품격 character, personality
욕(辱)	남에게 하는 저속한 말, 욕설 abuse, abusive language
청소년(青少年)	성인이 되지 않은 젊은이 youth, young people
거칠다	부드럽지 않다, 저속하다 to be rough, to be rude
저속(低俗)하다	질이 낮다 to be vulgar, to be low
친숙(親熟)하다	친하다 to be intimate, to be close
무려(無慮)	생각보다 많게 to the vast number of, as many as
비롯하다	포함하다 to include, to begin with, to be headed by
대중 매체(大衆媒體)	a mass media
한동안	얼마 동안 quite some time, a good while
유행어(流行語)	유행하는 말 a popular saying
무작정(無酌定)	계획이나 생각 없이 with no particular view in mind
따르다	to imitate
-아/어 버릇하다	자주 하다 to be used to do, to be in the habit of
활기(活氣)	생기 vigor, liveliness
대표(代表)하다	to represent, to stand for
관광지(觀光地)	관광을 하는 곳 a tourist attraction, a sightseeing place
신사(紳士)	성인 남자, 태도나 행동이 바른 남자 a gentleman
사치(奢侈)스럽다	to be luxurious, to be extravagant
신용(信用) 카드	a credit card
초보(初步)	어떤 일을 처음 하는 것 first steps, the first stage
양보(讓步)하다	남에게 길·자리·물건 등을 먼저 쓰라고 하다 to concede, to yield
올챙이	개구리의 새끼 a tadpole, a polliwog
적	때
냥	옛날 돈의 단위
빚	남에게 갚아야 할 것 a debt, a loan

28과 찬성하는 쪽이에요? 반대하는 쪽이에요?

CD 2 TRACK 20

민수 : 요즘 그 영화가 너무 야하다고 야단들이에요.

지연 : 사람들이 그 영화에 엄청난 관심을 보인다면서요?

민수 : 네, 인터넷에서도 그것 때문에 아주 시끄럽잖아요. 계속 상영해야 된다느니 하면 안 된다느니 하면서 말이에요.

지연 : 민수 씨는 어느 쪽이에요? 상영하는 것에 찬성하는 쪽이에요? 반대하는 쪽이에요?

민수 : 글쎄요. 반대하는 사람들의 말이나 찬성하는 사람들의 말에 다 일리가 있는 것 같아요.

지연 : 그런데 그 영화가 만들어진 후 처음에는 정부가 상영을 금지했대요. 전 정부가 그렇게 예술이나 공연에 간섭하는 것은 반대예요. 그런 문제는 자연스럽게 일반 대중이 판단하도록 둬야 할 것 같아요.

민수 : 그렇지만 저질 영화나 연극, 잡지 때문에 어린 청소년들이 잘못되는 수도 많잖아요.

지연 : '채털리 부인의 사랑' 이나 '마야' 도 그 시대에는 다 저질 작품으로 취급받은 거래요.

민수 : 아닌 게 아니라 저도 어디까지가 순수한 예술이고 어디까지가 상업적 저질 문화인지 잘 모르겠어요.

단어

찬성하다	일리가 있다	상업적	싸구려	마약	낳다
야하다	금지하다		애완동물	자살	산부인과
야단이다	간섭하다	★ 토론하다	장난감	지나치다	
엄청나다	저질	주장	대담	출생	
상영하다	취급하다	입장	범죄	주인공	

문법과 표현

Expressions

① S-다고 야단(들)이다

환경 문제가 심각하다고 야단들이에요.
물가가 많이 올랐다고 야단이에요.
시험이 너무 어려웠다고 학생들이 야단이지요?

A/V-아/어서 야단이다[야단났다]

9시까지 가야 하는데 길이 막혀서 야단이에요.
오늘까지 이 일을 끝내야 하는데 컴퓨터가 고장 나서 야단이에요.
고향에 갈 표를 예매하지 못해서 정말 야단났어.

② A/V-다느니 A/V-다느니 (하면서)

그 영화가 재미있다느니 재미없다느니 하면서 이야기하고 있다.
여행을 간다느니 만다느니 하면서 의논하고 있어요.
동생이 간다느니 언니가 간다느니 하다가 아무도 안 갔어요.

A/V-(으)/느니 A/V-(으)/느니 (하면서)

음식의 양이 적으니 많으니 말이 많다.
그 가족은 여행을 가느니 마느니 하면서 의논하고 있어요.
개발을 해야 하느니 말아야 하느니 하면서 정치가들이 토론하고 있어요.

③ N에(도) 일리가 있다

잘 들어 보면 아이들 말에도 일리가 있어요.
네 주장에 일리가 있구나.
공연을 금지하는 정부의 입장에도 일리가 있는 것 같다.

④ V-는 수가 많다[있다]

아파트 베란다에서 아이들이 놀다가 사고가 나는 수가 많아요.
아이들 싸움이 어른들 싸움이 되는 수가 많이 있다.
작은 일에 너무 신경 쓰다가는 큰 일을 못하는 수가 많다.

⑤ N을/를[이/가] N(으)로 취급하다[취급받다]

저를 너무 어린아이로 취급하지 마세요.
내 작품이 싸구려 예술 작품으로 취급 받으니까 기분이 나쁘군요.
애완동물을 장난감으로 취급하면 안 돼요.

N을/를 취급하다

우리 가게에서는 술을 취급하지 않아요.
요즘은 우체국에서도 예금을 취급한대요.
모두들 골치 아픈 이 사건을 취급하지 않으려고 해요.

연습

Exercise

① 본문을 잘 읽고 대답하세요.

1) 사람들이 요즘 왜 야단입니까?
2) 요즘 화제가 되고 있는 영화에 대해 사람들은 어떤 반응을 보이고 있습니까?
3) 민수 씨는 그 영화 상영에 대해서 어떤 의견을 갖고 있습니까?
4) 지연 씨는 어떤 입장입니까?
5) 예술 공연에 대해 정부가 간섭하는 것을 찬성하는 사람들의 이유는 무엇입니까?

② 보기에서 알맞은 단어를 골라 ________ 에 넣으세요.

간섭　금지　대중　상영　싸구려　엄청나게　찬성　취급

1) 대다수의 학생들이 새로운 입시 제도에 대해 ________한다고 말했다.
2) 남대문시장에 ________만 있는 것은 아니에요. 좋은 물건도 얼마나 많은데요.
3) 지하철에 애완동물을 데리고 타는 것은 ________하고 있다.
4) 지난 여름에 비가 ________ 왔어요.
5) 이제 저도 다 컸으니까 부모님께서 제 일에 ________하지 않으세요.
6) 우리 가게에서는 담배를 ________하지 않기로 했어요.
7) 교통 문제를 해결하기 위해서는 시민의 발인 ________교통을 편리하게 만들어야 해요.
8) 영화 ________ 시간이 가까워지자 관객들이 자기 자리로 들어온다.

CD 2 TRACK 21

③ 라디오에서 아나운서와 남녀가 대담을 하고 있습니다. 잘 듣고 남자의 생각과 같으면 '남', 여자의 생각과 같으면 '여'라고 쓰세요.

1) 예술, 문화 활동에 대한 정부의 간섭은 부정적인 결과를 가져올 수 있다. (　　)
2) 외국에서 청소년이 일으키는 범죄, 마약, 자살 등의 사건에 정부도 책임이 있다. (　　)
3) 최근 외국 가수들의 국내 공연이 문제 없이 끝난 것은 우리 문화가 발전했다는 것을 보여 준다. (　　)
4) 우리나라는 예술 활동에 대해 정부의 간섭이 지나친 편이다. (　　)
5) 예술, 문화 활동에 정부가 간섭하는 것은 필요하다. (　　)

④ 다음 글을 읽고 자신의 의견을 말해 봅시다.

요즘 출생의 비밀에 대한 텔레비전 드라마가 인기를 얻고 있다. 드라마에서 남자 주인공은 자신을 낳은 어머니와 기른 어머니가 다르다는 사실을 알게 되어 고민에 빠지게 된다. 이와 같이 '낳은 정'과 '기른 정' 사이에서 고민하는 경우가 현실에서도 가끔 나타난다.

실제로 어떤 산부인과 병원에서 실수로 아기의 이름표가 바뀐 일이 있었다. 그 사실을 모른 채 부모는 각각 아기를 데리고 퇴원하게 되었다. 한 아이는 장애가 있었고 다른 아이는 건강하게 잘 자랐다. 아이가 바뀐 지 6년이 되던 해 어느 날, 두 가족은 공원에 갔다가 서로 만나게 되었다. 그런데 상대방의 아이가 자신들을 닮았다는 것에 놀라게 되고, 그 가족과 이야기를 나누면서 그들이 같은 날 같은 병원에서 아이를 낳았다는 사실을 알게 된 것이다.

이 이야기를 듣고 사람들 사이에서는 이 두 가족이 아이를 바꿔야 한다는 의견이 지배적이었다. 그렇다면 아이들은 자신을 낳아 준 부모에게 돌아가야 하는가?

1) 여러분의 나라에도 '가족의 정'과 관련된 말이나 속담이 있습니까?

2) 여러분이 부모의 입장이라면 아이에게 이 사실을 알려 주시겠습니까?
알려 준다면 어느 시기가 좋다고 생각합니까?

3) 여러분은 윗글의 두 가족이 아이를 바꿔야 한다는 생각에 찬성합니까?
반대합니까? 그 이유를 정리해 봅시다.

새 단어

Vocabulary

찬성(贊成)하다	옳다고 동의하다 to approve, to agree
야(冶)하다	to be showy, to be flashy, to be gaudy
야단(惹端)이다	소란이다 to raise an uproar, to be clamorous
엄청나다	매우 많다 to be exorbitant, to be excessive
상영(上映)하다	영화를 일반에게 공개하다 to show (a movie)
일리(一理)가 있다	There is some truth in that., There is an element of truth.
금지(禁止)하다	하지 못하게 하다 to forbid, to prohibit
간섭(干涉)하다	참견하다 to interfere, to intervene
저질(低質)	질이 낮음 low quality
취급(取扱)하다	(사람·사건을) 어떤 태도로 대하거나 처리하다, (상품을) 판매하다 to treat, to deal with
상업적(商業的)	돈을 벌기 위한 것 to be commercial
토론(討論)하다	어떤 논제를 가지고 여러 사람이 각각 의견을 말하며 의논하다 to debate, to dispute
주장(主張)	생각이나 의견을 강하게 내세우는 것 insistence, opinion
입장(立場)	position, place
싸구려	매우 값이 싼 물건, 질이 낮은 물건 cheap goods, poor quality
애완동물(愛玩動物)	집에서 키우는 동물 a pet
장난감	아이들이 갖고 노는 물건 a toy
대담(對談)	서로 말을 주고받는 것 an interview
범죄(犯罪)	해서는 안 되는 나쁜 일을 하는 것 a crime
마약(痲藥)	a drug, a narcotic
자살(自殺)	자신의 목숨을 끊는 것 suicide
지나치다	정도가 심하다 to exceed, to go too far
출생(出生)	태어남 birth
주인공(主人公)	연극·영화·소설 등에서 사건의 중심이 되는 인물 a hero, a heroine
낳다	배 속의 아이·새끼·알을 몸 밖으로 내놓다 to give birth to
산부인과(産婦人科)	임신·출산·부인병 등을 다루는 병원 부서 women's medical clinic

29과 인연이 있으면 언젠가 또 만나게 되겠지

CD 2 TRACK 22

우리는 일상생활 속에서 많은 사람들을 만난다. 뜻밖에 생각지 못한 장소에서 자주 만나게 되는 사람은 왠지 '나와 특별한 관계가 있는 것이 아닐까' 하고 생각하게 된다. 우리는 그런 사람을 인연이 있는 사람이라고 한다. '옷깃만 스쳐도 인연'이라는 말이 있는데, 이것은 아무리 사소하고 작은 인연이라도 소중히 하려는 마음을 잘 나타내고 있다. 인간의 삶이 곧 사람을 만나고 헤어지는 일의 연속이므로 사람을 만나 생기게 되는 인연을 소홀히 해서는 안 될 것이다.

마리 : 이렇게 정이 들었는데 떠나게 되어서 정말 안타깝다.

영미 : 정말 그래. 처음에 만났을 때를 생각해 보면 뭔가 특별한 인연이 있었던 것 같아. 네가 처음 한국에 와서 길을 잃고 헤매고 있었을 때 내가 길을 가르쳐 주었지.

마리 : 내 잃어버린 지갑을 주워서 전화해 주었을 때는 보통 인연이 아니라고 생각했어. 그때 네가 여권과 중요한 것이 들어 있는 그 지갑을 찾아 주지 않았더라면 나는 무척 고생을 했을 거야.

영미 : 맞아. 그런데 우리가 이렇게 1년 넘게 한 집에서 지내게 될 줄 어떻게 알았겠어?

마리 : 이제는 서로 자매같이 친해져서 뗄래야 뗄 수 없는 사이가 됐는데 헤어져야 하다니…….

영미 : 너무 섭섭해하지 마. 언젠가 또 만나게 되겠지. 우리 자주 연락하자.

마리 : 그래. 너도 우리나라에 꼭 한번 놀러 와.

단어

인연	스치다	안타깝다	자매	★ 사표	그리워하다
일상생활	사소하다	헤매다	떼다	불행	오빠
뜻밖에	소중히	줍다	섭섭하다	원수	껌
옷깃	소홀히	-았/었더라면		실향민	

문법과 표현

Expressions

① 인연이 있다[없다]

인연이 있으면 또 만나게 될 거예요.
두 사람이 헤어진 것은 인연이 없어서예요.
우연히 하루에 세 번을 만나다니 인연이 있는 모양이에요.

인연이다/인연이 아니다

이렇게 같이 공부하게 된 것도 인연인 것 같아요.
그 사람과 그 후에 다시 못 만나게 되어 '인연이 아니구나!' 하고 생각했어요.
처음 만났을 때 인연인지 인연이 아닌지 알 수 있어요? 좀 더 만나 보세요.

② A/V-아/어서는 안 되다

선물은 받는 사람이 부담스러워서는 안 되지요.
듣는 사람을 생각하지 않고 함부로 말해서는 안 된다.
결혼은 중요한 일이니까 쉽게 결정해서는 안 돼요.

③ A/V-았/었더라면

돈이 많았더라면 더 오래 여행할 수 있었을 텐데.
그때 사표를 썼더라면 지금쯤 후회하고 있을 거예요.
전쟁이 일어나지 않았더라면 그런 불행은 없었을 텐데요.

④ A/V-(으)ㄹ 줄 누가[어떻게] 알았겠어요?

복권이 당첨될 줄 누가 알았겠어요?
목욕탕에서 지연 씨와 만날 줄 누가 알았겠어요?
제가 원수처럼 미워하던 그 사람과 결혼하게 될 줄 어떻게 알았겠어요?

A/V-(으)ㄹ 줄이야

서울의 물가가 이렇게 비쌀 줄이야.
복권에 당첨될 줄이야.
죽었을 것이라고 생각했던 사람이 살아 있을 줄이야.

5 V-(으)ㄹ래야 V-(으)ㄹ 수(가) 없다

너무 매워서 먹을래야 먹을 수가 없었다.
잊을래야 잊을 수 없는 추억이 있습니다.
실향민들은 갈래야 갈 수 없는 고향을 그리워하며 지냅니다.

연습

Exercise

1 본문을 잘 읽고 대답하세요.

1) '옷깃만 스쳐도 인연' 이란 말은 왜 생겼을까요?
2) 영미와 마리의 인연은 어떻게 시작됐습니까?
3) 영미와 마리는 어떤 사이가 되었습니까?
4) 영미는 마리에게 왜 섭섭해하지 말라고 했습니까?
5) 두 사람은 왜 보통 인연이 아니라고 했습니까?

2 문장을 완성해 보세요.

1) 보기에서 알맞은 단어를 골라 ....에 넣으세요.

사표 삶 인연 일상생활 장소 정

① 내일 만날 약속을 하려고 하는데 ________ 을/를 아직 정하지 못했어요.
② 아무리 처음 만난 사람이라도 오랫동안 같이 지내면 ________ 이/가 들어요.
③ 우리 오빠는 유학 준비를 위해서 회사에 ________ 을/를 냈어요.
④ 지하철에서 일주일 동안 계속 만난 사람이 있어요. 아마 ________ 이/가 있나 봐요.
⑤ 아리랑은 민중의 여러 가지 ________ 을/를 표현한 노래다.

2) 보기에서 알맞은 단어를 골라 ________ 에 넣으세요.

떼다	사소하다	섭섭하다	소홀히 하다	안타깝다	줍다	헤매다

① 이것은 중요한 물건이니까 ________ 면 안 돼요.
② 나는 어제 친구 집을 찾아가는데 길을 잃고 ________.
③ 부모님께서는 내가 자주 전화하지 않아서 ________ 고 말씀하셨어요.
④ 일 년 동안 열심히 공부했는데 사고 때문에 시험을 볼 수 없게 되었다니 정말 ________ 군요.
⑤ 길에서 ________ 가방을 어떻게 주인에게 찾아 줄까요?
⑥ 저는 중요하지 않은 ________ 일도 잘 기억하고 있는 편이에요.
⑦ 머리카락에 붙은 껌을 ________ 일은 쉽지 않아요.

③ 다음 대화를 완성하세요.

V-(으)ㄹ래야 V-(으)ㄹ 수 없다	인연이 있다
A/V-(으)ㄹ 줄 누가 알았겠어요	A/V-았/었더라면

1) 가 : 정말 이상해. 그 사람을 벌써 다섯 번이나 보았어.
나 : 그래? 정말 ________ 나 보다.
2) 가 : 어제 파티는 어땠어?
나 : 재미있었어. 사람도 많이 오고. 너도 ________ 았/었더라면 좋았을 텐데.
가 : 그래. 하지만 나는 ________.
3) 가 : 어제 지연 씨 문병 잘 다녀왔니?
나 : 말도 마. 병원에는 갔는데 ________.

CD 2 TRACK 23

④ 영미와 부모님의 대화를 듣고, ✓ 하세요.

1) 맞다 (　　) 틀리다 (　　) 알 수 없다 (　　)
2) 맞다 (　　) 틀리다 (　　) 알 수 없다 (　　)
3) 맞다 (　　) 틀리다 (　　) 알 수 없다 (　　)
4) 맞다 (　　) 틀리다 (　　) 알 수 없다 (　　)
5) 맞다 (　　) 틀리다 (　　) 알 수 없다 (　　)

⑤ 친구와 같이 이야기해 봅시다.

주 제	언 제	어디에서	어떤 일입니까?
지금까지 경험한 특별한 인연이 있습니까?			
'세상이 참 좁다' 고 생각한 적이 있습니까?			
꿈속에서 있었던 일이 실제 일어난 적이 있습니까?			
'말이 씨가 된다' 고 생각한 적이 있습니까?			

새 단어

Vocabulary

인연(因緣)	사람이나 사물들 사이에 서로 맺어지는 관계 destiny, cause and effect
일상생활(日常生活)	날마다의 생활, 늘 하는 생활 daily life
뜻밖에	생각지도 않게 unexpectedly
옷깃	저고리나 두루마기의 목에 둘러 대어 여미게 된 부분 the neckband, a collar
스치다	서로 약간 닿으면서 지나가다 to graze, to touch slightly
사소(些少)하다	아주 작거나 적다 to be trivial, to be inconsiderable
소중(所重)히	매우 귀중하게 carefully
소홀(疏忽)히	중요하지 않게 carelessly, inattentively
안타깝다	고통스럽거나 어려운 일을 보니 답답하다 to feel pity (towards another)
헤매다	이리저리 돌아다니다 to be lost, to look for the way
줍다	떨어지거나 흩어져 있는 것을 집다 to pick up
-았/었더라면	if (something) could have happened
자매(姉妹)	여자 형제 sisters
떼다	붙어 있는 것을 떨어지게 하다 to take away, to remove
섭섭하다	잃거나 헤어지게 되어 아깝고 서운하다 to be regretful
사표(辭表)	회사를 그만두겠다는 것을 글로 적은 것 a letter of resignation, a written resignation
불행(不幸)	행복하지 않음 misfortune, unhappiness
원수(怨讐)	나의 가족에게 해를 끼친 사람 an enemy, a foe
실향민(失鄕民)	고향을 잃고 타향에서 사는 사람
그리워하다	보고 싶어하다 to long for, to miss
오빠	a girl's elder brother
껌	chewing gum

30과 서울은 한국 제일의 도시이다

CD 2 TRACK 24

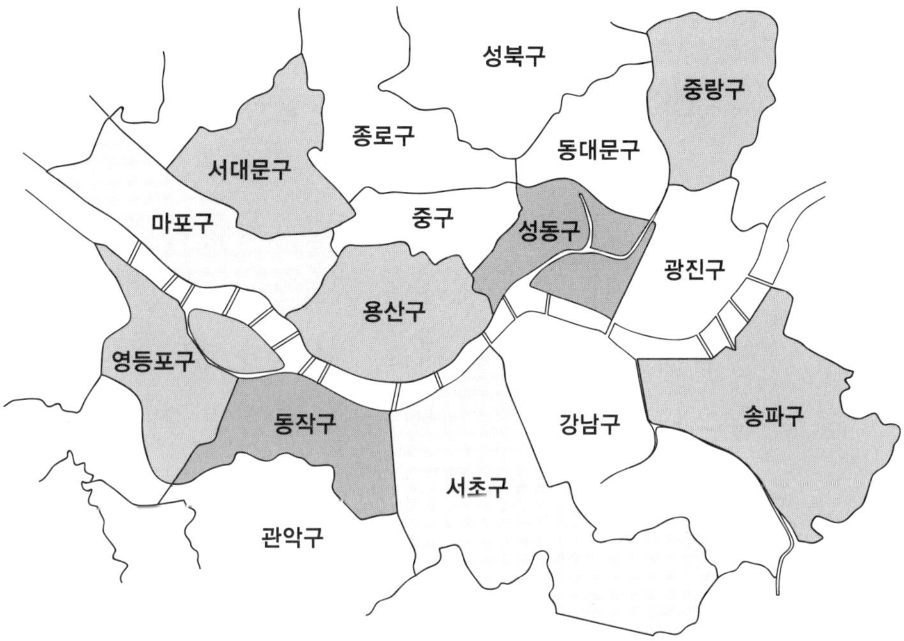

서울은 한국 제일의 도시이다. 인구로 보나 크기로 보나 세계적으로 손꼽히는 대도시임에 틀림없다. 서울은 약 600년 전에 수도로 정해진 이후 한국의 중심지가 된 역사 깊은 도시이다. 인구는 1,000만이 넘으며 인구 밀도로는 아시아에서 열 손가락 안에 드는 대도시이다.

서울은 종로구, 관악구, 서초구 등의 25개 구로 나뉘어 있으며 강북에 14개, 강남에 11개의 구가 있다. 한강을 사이에 두고 있는 강남과 강북은 19개의 다리가 이어 주고 있고 앞으로도 다리의 수는 계속 늘어날 것이다. 또 서울 곳곳을 연결하는 지하철은 현재 8호선까지

단어

손꼽히다	중심지	손가락
대도시	밀도	수
수도	아시아	연결하다

운행되고 있지만 교통 문제가 더욱 심각해짐에 따라 지하철 노선이 계속 늘어날 전망이다. 그 밖에 서울에는 경복궁을 비롯해서 4개의 궁궐이 있고 민속박물관, 전쟁기념관 같은 박물관도 20개가 넘는다.

다나카 : 영수 씨, 요즘 서울 사람들은 서울을 떠나고 싶어한다고 들었어요. 왜 그런 생각을 하죠?

영수 : 사람이 많은 게 문제죠. 사람이 많으니까 차가 많고, 차가 많으니까 공기도 나빠지고 교통도 복잡하게 되는 거죠. 또 서울에서 살려는 사람은 많은데 땅과 집은 한정되어 있으니까 집값이 올라가는 건 당연하고요.

다나카 : 그래서 사람들이 이런 복잡한 서울을 떠나고 싶어하는군요.

영수 : 하지만 시골 공기가 맑고 집값이 싸다 해도 여전히 서울만을 고집하는 사람이 많아요.

다나카 : 한국의 경우에 모든 정치, 경제, 문화, 예술, 교육의 중심지가 서울이기 때문이 아닐까요?

영수 : 맞아요. 특히 우리나라 사람들은 자녀 교육을 중요하게 생각하는데, 자식을 좋은 대학에 보내려면 서울에서 살아야 한다고 생각하는 사람들이 많거든요.

다나카 : 그런 문제를 해결하기 위해서 지방을 하루빨리 발전시켜야겠군요.

운행하다	여전히	★ 가격	공해
-(으)ㅁ에 따라	고집하다	품질	소음
궁궐	자녀	차차	위치
한정하다	하루빨리	경력	기후

Expressions

문법과 표현

① N(으)로 보나 N(으)로 보나

가격으로 보나 품질로 보나 이게 제일 나아요.
그 남자는 외모로 보나 성격으로 보나 좋은 신랑감 같군요.
이 하숙집은 위치로 보나 하숙비로 보나 제 마음에 꼭 들어요.

② N(으)로 손꼽히는 N

그 영화배우는 한국에서 최고의 배우로 손꼽히는 사람입니다.
그 나라에서 가장 살기 좋은 곳으로 손꼽히는 도시가 어디입니까?
우리 학원에서 가장 인기 있는 선생님으로 손꼽히는 분이 누구죠?

③ N-임에 틀림없다

서울은 역사가 오래된 도시임에 틀림없다.
아이가 말을 더듬거리는 걸 보니 그 말이 거짓말임에 틀림없어요.
불이 안 켜진 걸 보니 빈집임에 틀림없군요.

A/V-(으)ㄴ/는 게 틀림없다

잘 안 팔리는 걸 보니 값이 너무 비싼 게 틀림없다.
계속 전화를 안 받는 걸 보니 떠난 게 틀림없어요.
사람들이 그냥 돌아가는 걸 보니 표가 다 팔린 게 틀림없군요.

④ N에서 다섯[열] 손가락 안에 들다

우리 아이는 시험을 봤는데 반에서 다섯 손가락 안에 들었어요.
우리 학교는 세계에서 열 손가락 안에 드는 학교예요.
이 회사는 우리나라에서 다섯 손가락 안에 들지요.

⑤ V-(으)ㅁ에 따라

서울이 발전함에 따라 크기도 커졌어요.
자동차가 많아짐에 따라 공기도 나빠졌습니다.
시간이 지남에 따라 한국 생활도 익숙해졌다.

* 지역에 따라 비가 오는 곳도 있습니다.
사람에 따라 취미가 다르죠.

⑥ A/V-(으)ㄹ 전망이다[전망이 있다, 전망이 보이다]

서울 인구가 차차 줄어들 전망이다.
한국이 곧 통일될 전망이 있습니까?
그 환자가 회복될 전망이 보이지 않습니다.

연습

Exercise

① 본문을 잘 읽고 대답하세요.

1) 서울은 어떤 도시입니까?
2) 서울에는 구가 몇 개 있습니까?
3) 서울의 문제점은 무엇 무엇입니까?
4) 서울이 해결해야 할 많은 문제는 어떤 원인에서 나왔습니까?
5) 여러 가지 좋지 않은 조건에도 불구하고 사람들이 서울을 고집하는 가장 큰 이유는 무엇입니까?

② 다음 문형을 써서 아래 대화를 완성하세요.

N(으)로 보나 N(으)로 보나	N(으)로 손꼽히는 N	N(으)로 나뉘다
A/V-(으)ㄴ/는 것은 당연하다	손가락 안에 들다	V-(으)ㅁ에 따라
A/V-(으)ㄴ/는 게 틀림없다	A/V-(으)ㄹ 전망이다	N을/를 비롯해서

1) 가 : 한국의 도시 중에서 인천은 몇 번째쯤 될까?
   나 : 글쎄, 잘 모르지만 ....(으)ㄹ걸.
2) 가 : 계속해서 서울의 자동차가 이렇게 늘어나면 큰일일 텐데…….
   나 : 앞으로 5년쯤 지나면 다시 줄어들 ....
3) 가 : 다음번 대통령은 누가 될까요?
   나 : 내 생각에는 나이 .... 경력 .... 박영호 씨가 될 것 같은데요.
4) 가 : 왜 지금까지 영희가 안 오지? 떠난 지 두 시간이 넘었다는데…….
   나 : 30분도 안 걸리는 거리잖아. 무슨 사고가 난 게 ....
5) 가 : 세계적으로 .... 관광지가 어디니? 외국 여행 갈 때 꼭 한번 들르고 싶어.
   나 : 많지 뭐. 하와이, 알프스, 뉴질랜드……. 그런 곳이 .... 관광지 아니겠니?
6) 가 : 왜 친구들이 나만 싫어할까?
   나 : 네가 그렇게 자기 생각대로만 하는데 친구들이 널 좋아할 리가 있겠니? 그 애들이 널 싫어하는 건 ....

CD 2 TRACK 25

③ 서울에 대한 이야기입니다. 잘 들어 보세요.

1) 서울이 시대에 따라 어떻게 변화해 왔는지를 다음 표에 써넣으세요.

약 600여 년 전	1945년 8월 15일	1950년대	1960년대	1974년 8월 15일 이후
(　　　)의 수도로 정해짐	'서울특별시' 라는 이름을 얻음	6.25때 심하게 (　　　)됨	경제 개발과 함께 발전	(　　　)이/가 처음 생김

2) 들은 내용과 맞으면 O, 틀리면 X 하세요.

① 북한의 인구는 남한 인구의 4분의 1이다. (　　)

② 서울은 다른 큰 도시와 같이 공해 문제를 가지고 있다. (　　)
③ 서울의 심각했던 교통 문제는 지하철로 해결이 되었다. (　　)

④ 친구와 같이 이야기해 봅시다.

1) 다음은 세계 여러 나라의 대도시들이 안고 있는 문제입니다. 다음에서 세계의 대도시가 갖고 있는 가장 심각한 문제와 그 해결 방법을 얘기해 봅시다.

◆ 교통 문제　◆ 공해 문제　◆ 주택 문제
◆ 쓰레기 문제　◆ 범죄 문제　◆ 물가 문제
◆ 오염 문제　◆ 마약 문제　◆ 소음 문제

도시 이름	문 제	해결 방법
서 울		

2) 여러분 나라의 대도시를 소개해 보세요.

① 위치
② 인구
③ 역사
④ 유명한 것
⑤ 기후
⑥ ....

새 단어

Vocabulary

손꼽히다	여럿 중에서 손가락으로 셀 만한 높은 등수에 들다 to be outstanding, to be leading
대도시(大都市)	큰 도시 a big city
수도(首都)	a capital city
중심지(中心地)	중심이 되는 곳 a center, a central place
밀도(密度)	빽빽한 정도 density
아시아	Asia
손가락	a finger
수(數)	number
연결(連結)하다	서로 잇다 to connect, to combine
운행(運行)하다	(차나 배 등이) 다니다 to operate
-(으)ㅁ에 따라	according to
궁궐(宮闕)	왕이 살던 곳 a palace
한정(限定)하다	제한하여 정하다 to limit, to define
여전(如前)히	전과 다름없이 as usual, as before
고집(固執)하다	자기 의견을 굳게 지키다 to hold fast, to insist (on)
자녀(子女)	아들과 딸 sons and daughters
하루빨리	하루라도 빨리 quickly, as soon as possible
가격(價格)	(물건의) 값 price, value
품질(品質)	물품의 성질 quality
차차(次次)	점점 gradually
경력(經歷)	이제까지 거쳐 온 학업·직업들의 내용 a career, a history
공해(公害)	pollution
소음(騷音)	시끄러운 소리 noise
위치(位置)	자리, 장소 a position, a location, a site
기후(氣候)	climate

31과 다이어트가 유행처럼 퍼지고 있어요

CD 2 TRACK 26

준석 : 요즘 다이어트에 관한 기사와 광고가 많이 나오더라.

지연 : 그래. 아마 한두 번쯤 다이어트를 해 보지 않은 사람은 없을 거야.

준석 : 남녀노소를 막론하고 건강에 대한 관심이 높아지고 있잖아. 고혈압이나 심장병 같은 성인병을 예방하기 위해서도 점점 다이어트의 필요성을 느끼게 되고…….

지연 : 그런데 요새 젊은 여성들 사이에는 다이어트가 하나의 유행처럼 퍼지고 있다니 그것도 문제야.

준석 : 그래. 다이어트를 제대로 한다기보다는 무조건 적게만 먹으면 된다고 생각하고 며칠씩 굶기까지 하니 큰일이지.

단어

남녀노소	고혈압	무조건
을/를 막론하고	요새	

지연 : 더 위험한 건 무리하게 다이어트를 하다 보면 지금은 잘 몰라도 나이가 든 다음에 여러 가지 부작용이 나타나게 된다는 거야.

준석 : 왜 그런 위험을 무릅쓰고 다이어트를 하려 드는 걸까?

지연 : 글쎄, 조금이라도 더 날씬하게 보이고 싶은 게 모든 여자들의 희망 사항이 아니겠어?

준석 : 난 한 끼라도 안 먹으면 사는 재미가 없던데. 나 같으면 다이어트를 하느니 차라리 살찐 대로 사는 게 나을 거 같다.

지연 : 아무튼 건강은 건강할 때 지키라고 했어.

준석 : 맞아. 아무리 날씬해져도 건강을 잃고 나면 무슨 소용이 있겠니?

지연 : 그럼. 그런데 어떤 조사 결과를 보니까 젊은 여자들 가운데 절반 이상은 자기가 뚱뚱하다고 생각하는 반면에, 젊은 남자들의 반 이상은 자기가 살이 좀 더 쪄야 한다고 생각한대.

준석 : 그거 참 재미있는 얘기네. 내가 보기엔 오히려 여자들은 너무 말라 보이고 남자들은 살을 좀 빼야 할 것 같던데.

지연 : 맞아. 그리고 내가 생각하기에는 요즘 젊은 여자들에게 정말 필요한 건 다이어트가 아니라 적당한 운동인 것 같아.

준석 : 나도 동감이야.

무리하게	끼	마르다	여하	조언
부작용	차라리	동감	무시	규칙적으로
날씬하다	절반		상하다	간식
희망 사항	반면에	★ 고하	체중	관련하다

문법과 표현

Expressions

① N을/를 막론하고

지위의 고하를 막론하고 법을 어기면 안 됩니다.
그 영화를 보고 남녀노소를 막론하고 모두 울었어요.
날씨 여하를 막론하고 등산하기로 했어요.

② A/V-다기보다는

책 읽기가 싫어요? - 싫다기보다는 시간이 없어서 못 읽는 거지요.
아까 그 여자 아이 참 예쁘지요? - 예쁘다기보다는 귀엽지요.
소개받은 사람이 마음에 안 들어서 안 만나요?
- 마음에 안 든다기보다는 아직 결혼할 생각이 없어서 그래요.

③ A/V-기까지 하다

그 집은 비싼 데다가 학교에서 멀기까지 하대요.
전화로 얘기해도 되는데 우리 집에 오기까지 했어요?
돈이 모자란다고 하니까 친구가 돈을 내 주기까지 했어요.

④ V-느니 차라리

마음에 안 드는 물건을 사느니 차라리 아무것도 사지 말자.
이렇게 무시당하느니 차라리 회사를 그만두는 게 낫다.
상한 음식을 먹느니 차라리 굶겠어.

차라리

오늘은 비가 많이 온다고 하는데 차라리 안 나가는 게 좋겠어.
이렇게 길이 막힐 때는 차라리 걷는 게 낫다.

⑤ A/V-(으)ㄴ/는 반면에

남을 가르치는 일은 힘든 반면에 보람도 있다.
누구에게든 단점이 있는 반면에 장점도 있어요.
동생은 운동을 잘하는 반면에 형은 그림을 잘 그려요.

⑥ 살이 찌다[빠지다]

자네 몸이 그게 뭔가. 좀 더 살이 쪄야 되겠어.
살이 찌면 찔수록 건강에 도움이 안 돼요.
살이 좀 빠지니까 몸을 움직이기가 더 쉬워졌습니다.

연습

Exercise

① 본문을 잘 읽고 대답하세요.

1) 왜 다이어트를 하려는 사람들이 많아지고 있습니까?
2) 잘못된 다이어트 방법에 대해 이야기해 보세요.
3) 다이어트를 잘못하면 어떻게 될까요?
4) 준석이는 다이어트를 어떻게 생각합니까?
5) 요즘 젊은 여자들에게 꼭 필요한 것은 무엇이라고 합니까?

② 보기에서 알맞은 단어를 골라 .... 에 넣으세요.

동감	마르다	막론하고	무조건	반면에
부작용	성인병	소용	예방	차라리

1) 약을 함부로 먹다가는 .... 이/가 생길 수도 있어요.
2) 그 사람은 언제나 .... 내가 하는 대로 따라해요.
3) 요즘은 많은 사람들이 젓가락같이 .... 여자가 미인이라고 생각하니 문제가 있지요?

4) 음식 문화가 바뀌면서 여러 가지 ____________에 걸릴 확률이 높아졌어요.
5) 그분의 의견에는 ____________(이)지만 방법은 좀 바꿔야 한다고 생각해요.
6) 일을 하다가 그만두면 ____________ 시작하지 않은 것보다도 못해요.

CD 2 TRACK 27

③ 바바라와 지연이가 다이어트에 대하여 이야기하고 있습니다. 잘 듣고 대답하세요.

1) 바바라는 끝에서 무슨 말을 했을까요?
① ② ③

2) 들은 내용과 맞으면 O, 틀리면 X 하세요.
① (　　)
② (　　)
③ (　　)

④ 친구와 같이 이야기해 봅시다.

1) 많은 사람들이 체중 조절을 위해 노력하고 있습니다. 특히 살을 빼고 싶어 하는 사람들을 위하여 조언을 해 주십시오.

해야 할 것	하지 말아야 할 것
규칙적으로 운동한다.	간식을 먹는다.

2) 우리가 다이어트와 관련하여 잘못 알고 있는 것에 대하여 더 이야기해 봅시다.

3) 여러분이 알고 있는 다이어트 방법에 대하여 이야기해 봅시다.

새 단어

Vocabulary

남녀노소(男女老少)	남자와 여자·늙은이와 젊은이, 모든 사람 men and women of all ages
을/를 막론(莫論)하고	따져 말할 것도 없이, 논의할 것도 없이 regardless, without regard to
고혈압(高血壓)	high-blood pressure
요새	요사이, 요즘 recently, lately
무조건(無條件)	아무 조건도 없이 unconditionally
무리(無理)하게	사리에 맞지 않게 unreasonably, excessively
부작용(副作用)	어떤 약이 병을 낫게 하면서 일어나는 해로운 일 side effect, subsidiary ill effect
날씬하다	몸매가 가늘고 맵시가 있다 to be slender, to be slim
희망 사항(希望事項)	바라는 일 items of hope, desire(s)
끼	하루 중 일정한 때에 먹는 밥, 밥의 수 a meal
차라리	rather than, preferably
절반(折半)	하나를 둘로 나눈 것 중의 하나 a half
반면(反面)에	앞에 말한 것과는 달리 on the other hand
마르다	살이 빠지다 to become thin
동감(同感)	남과 같게 생각하거나 느낌 the same sentiment
고하(高下)	높고 낮음 high and low in rank or quality
여하(如何)	어떠함, 어떠한지 what, how
무시(無視)	가치를 알아주지 않음 disregard, ignorance
상하다	음식이 부패하다 to go bad
체중(體重)	몸무게 one's body weight
조언(助言)	도움이 되게 가르쳐 주는 말 advice
규칙적(規則的)으로	regularly
간식(間食)	끼니 사이에 먹는 음식 a snack, between-meals refreshments
관련(關聯)하다	to relate to, to refer to

32과 애완동물이 자식보다 낫다 CD 2 TRACK 28

의학 기술의 발달과 생활수준의 향상으로 고령 인구가 증가하고 있다. 그러나 핵가족화나 맞벌이 부부의 증가로 나이 드신 부모님을 돌볼 수 있는 자녀들은 부족한 상황이다. 따라서 홀로 노후를 보내는 외로운 노인 가정도 점점 많아지고 있다. 각 기업과 단체에서는 노인들을 대상으로 하는 복지 시설을 늘리고 있다. 교외에 현대식 유료 양로원과 노인 전용 병원이 들어서고 있다. 그러나 우리 고유의 미덕으로 여기던 경로사상이 점점 없어져 가면서 집안의 어른으로 존경받던 노인들의 위치는 크게 흔들리고 있다.

옆집 아주머니 : 강아지가 안 보이네요.

단어

의학	돌보다	유료	경로사상
향상	홀로	양로원	강아지
고령	노후	들어서다	
증가하다	복지	고유	
핵가족	교외	미덕	

철수 어머니 : 아, 우리 아버님께 갖다 드렸어요. 요즘 너무 쓸쓸해하셔서요. 마음만 먹으면 쉽게 찾아뵐 것 같은데 일에 쫓기다 보면 한 달에 한두 번 가기도 쉽지 않아요.

옆집 아주머니 : 저도 마찬가지예요. 부모님 댁에 간다 간다 하면서도 명절이나 생신 때 얼굴 내미는 게 고작이니까요.

철수 어머니 : 그래서 품안의 자식이라는 말도 생겼나 봐요. 하여튼 우리 아버님께서 그 강아지를 어찌나 예뻐하시는지 이제 우리가 가도 강아지 얘기만 하세요.

옆집 아주머니 : 애완동물이 자식보다 낫다더니 철수 할아버님도 강아지한테 마음을 붙이셔서 다행이에요.

철수 어머니 : 영국에서는 애완동물을 기르는 것이 노인의 질병 예방과 치료에 효과가 있다는 연구 결과가 나왔대요. 애완동물의 충성심이 노인들에게 심리적인 안정을 준다는 거예요.

옆집 아주머니 : 개나 고양이가 우리가 못하는 일을 대신 해 주는군요. 그러나 무엇보다도 우리가 많은 경험을 가진 노인들을 공경해야지요. 나아가서 사회적으로 노인들의 인력을 활용할 수 있는 제도가 생긴다면 인생의 황혼기에 계시는 분들이 더욱 행복해하실 거예요.

쓸쓸하다	효과	인력	★ 주위	셔틀버스
고작	충성심	활용하다	위하다	전시회
품	공경하다	황혼기	중고차	의사소통
기르다	나아가다		문의하다	

Expressions

문법과 표현

① A/V-다 A/V-다 하면서(도)

아프다 아프다 하면서 왜 병원에는 안 가니?
집 안 청소를 한다 한다 하면서도 요즘 바빠서 못하고 있다.
동대문시장에 한번 간다 간다 하면서 아직도 못 갔다.

② 얼굴(을/만) 내밀다

유명한 가수나 배우가 얼굴만 내밀고 가도 그 음식점은 금방 유명해진다.
그 모임에 하도 오래 참석하지 못해서 이제 얼굴 내밀기도 미안할 정도다.
얼굴만 내밀고 올 테니까 10분만 기다려 줘.

③ 고작(해야)

돈을 많이 벌었다고 자랑하더니 고작 3만 원 벌었구나.
손님도 고작해야 다섯 명뿐인데 왜 그렇게 음식을 많이 준비하세요?

V-는 게 고작이다

회사 일에 바빠서 가족들과 지내는 시간은 주말에 외식 한 번 하는 게 고작이다.
한 달 열심히 일해서 받는 월급으로 하숙비 내는 게 고작이다.

N이/가 고작이다

하루에 10시간 일하고 쉬는 시간은 점심 시간이 고작이다.
그 일을 끝내느라고 밤새도록 잠도 못 자고 고생했는데 고맙다는 인사가 고작이다.

4 어찌나 A/V-(으)ㄴ/는지

날씨가 어찌나 추운지 5분도 서 있을 수 없다.
머리가 어찌나 아픈지 '아이고' 소리가 저절로 나온다.
컴퓨터 게임을 어찌나 오래 했는지 골치가 아플 정도이다.

5 N에(게) 마음을 붙이다

무엇인가에 마음을 붙여 보세요. 그러면 매일매일이 훨씬 재미있을 거예요.
오랫동안 학교를 떠나 있었더니 공부에 마음을 붙이기가 쉽지 않아요.

V-는 데(에) 미음을 붙이다

애인이 떠난 후 아무 일에도 관심이 없더니 요즘은 사진 찍는 데에 마음을 붙여서 다행입니다.
일요일에 친구들과 운동하는 데 한번 마음을 붙이니까 사는 게 재미있다.

연습

Exercise

1 본문을 잘 읽고 대답하세요.

1) 고령 인구가 증가하면서 어떤 현상이 일어나고 있습니까?
2) 우리 주위에 노인들을 위한 복지 시설로는 어떤 것들이 있습니까?
3) '애완동물이 자식보다 낫다'는 말은 왜 생겼을까요?
4) 애완동물은 노인들에게 어떤 역할을 합니까?
5) 노인들의 행복을 위해 우리는 어떻게 해야 합니까?

2 보기에서 알맞은 단어를 골라 ______ 에 넣으세요.

경로	공경	인력	증가	충성심	핵가족	향상	황혼

1) 옛날에는 할머니, 할아버지와 같이 사는 집이 많았는데 요즘은 대부분이 부부와 아이들만 사는 ....이/가 많다.
2) 애완동물 중에서 고양이보다는 강아지가 주인에 대한 ....이/가 더 많은 것 같다.
3) 한국에서는 옛날부터 나이 드신 어른들을 ....하고 위하는 것을 당연하게 생각해 왔다.
4) 회사마다 좋은 대학이나 대학원을 졸업한 고급 ....들을 모으는 데 열중이다.
5) 아침에 해가 뜰 때의 바닷가도 멋있지만 늦은 오후 ....의 바닷가는 더욱 더 멋있다.
6) 이렇게 자동차가 점점 ....하다가는 서울 시내가 중고차 시장 같아질 거야.
7) 정부에서는 늙으신 부모님을 잘 모시는 사람들에게 상을 주어 ....사상을 높이려고 한다.
8) 옛날에 비해서 건강에 대한 관심도 높아지고 생활수준도 많이 .... 되었다.

③ 보기와 같이 연습해 봅시다.

1) 다음의 문형을 이용하여 대답하세요.

A/V-다 A/V-다 하면서(도)	얼굴을 내밀다
어찌나 A/V-(으)ㄴ/는지	V-는 게 고작이다

① 가 : 왜 이렇게 늦었어요? 벌써 두 시간이나 기다렸어요.
나 : ....
② 가 : 전에 보낸다고 하던 편지가 아직도 그냥 있네요. 안 부칠 거예요?
나 : ....
③ 가 : 회사 일이 바쁠 텐데 아이들하고 같이 놀 시간이 있어요?
나 : ....
④ 가 : 매일 3시간씩 운동하기로 한 결심을 아직 지키고 있어요?
나 : ....
⑤ 가 : 너는 그렇게 바쁘다면서 꼭 그 모임에 가야 하니?
나 : ....

2) 다음에서 적당한 표현을 골라 ______에 알맞게 써넣으세요.

마음을 먹다	마음을 바치다
마음을 붙이다	마음을 정하다

① 학교를 옮겨서 쓸쓸해하던 동생이 이제 새 생활에 ______.
② 올해부터는 아침마다 30분씩 운동을 하려고 ______.
③ 저는 이미 그 사람과 결혼하려고 ______.
④ 30년 동안 제 ______서 사랑한 사람이 떠났어요.

CD 2 TRACK 29

④ 유료 양로원 시설에 대해 문의하는 전화입니다. 다음의 대화를 잘 듣고 답하세요.

1) 대화 내용과 맞는 것을 고르세요.
① 이 남자는 지금 (혼자, 아버지와 같이) 살고 있다.
② 이 남자는 (아버지, 사업) 때문에 여행을 많이 하는 편이다.
③ 서울에서 양로원까지 가는 데 약 (한, 두) 시간 정도 걸린다.
④ 이 남자는 아파트 생활이 노인들에게 (편리하다고, 답답할 거라고) 생각한다.

2) 다음은 이 남자와 아버지가 대화하는 내용입니다. ______에 알맞은 말을 써넣으세요.

아버지 : 거기 전화해 봤니?
아들 : 네.
아버지 : 어때?
아들 : 시설은 잘되어 있는 것 같아요.
아버지 : 어떤 시설이 돼 있는데?
아들 : 서울까지 ______을/를 운행하고요, 옆에 ______이/가 있어서 아프신 분들은 거기로 모신대요.
아버지 : 그런데 낮 시간에 주로 뭘 하면서 시간을 보내는지 모르겠다.
아들 : 그런 걱정은 별로 안 하셔도 될 것 같아요. 지하에는 ______이/가 있대요. 아버지는 책 읽는 것을 좋아하시니까 1층에 있는 ______도 좋아하실 것 같고요. 취미로 찍은 사진들을 모아서 얼마 전에는 ______도 했대요.
아버지 : 그래? 한번 가 보면 좋겠다.
아들 : 네, 이번 토요일 오후에 저하고 같이 가 보시지요.

⑤ 친구와 같이 이야기해 봅시다.

1) 여러분은 몇 살을 노인이라고 생각합니까? 표에 표시하고 왜 그렇게 생각하는지 말해 보세요.

50세 55세 60세 65세 70세 75세 80세

2) 여러분이 노후에 하고 싶은 일을 표시하세요.

(　　) 양로원에서 산다.
(　　) 자식들과 같이 산다.
(　　) 부부가 함께 산다.
(　　) 마음이 맞는 친구와 함께 산다.
(　　) 부담되지 않는 내 일을 가진다.
(　　) 자원 봉사를 한다.
(　　) 여행을 즐긴다.
(　　) 취미 생활을 한다.
(　　) ....
(　　) ....

3) 여러분이 생각하는 행복한 노후는 어떤 것입니까?

4) 애완동물에 대하여 말해 봅시다.

사람들이 기르는 애완동물	
자신이 길러 보았거나 기르고 싶은 애완동물	
그 애완동물의 장점	
그 애완동물의 단점	
기를 때 주의할 점	
애완동물과 의사소통하는 방법	

새 단어

Vocabulary

의학(醫學)	질병과 치료 등을 연구하는 학문 medical science
향상(向上)	좋아짐, 높아짐 improvement, elevation
고령(高齡)	나이가 많음, 높은 나이 an advanced age, a great age
증가(增加)하다	수나 양이 많아지다 to increase, to grow
핵가족(核家族)	부부와 그들의 결혼하지 않은 자녀로 이루어진 소가족 a nuclear family
돌보다	보살피다, 도와주다 to take care of, to look after
홀로	외롭게 혼자서 alone, by oneself
노후(老後)	늙은 뒤 one's old age, one's declining years
복지(福祉)	welfare
교외(郊外)	들이나 논밭이 비교적 많은 도시의 주변 the suburbs, the outskirts
유료(有料)	요금을 내게 되어 있는 일 a charge, a paid fee
양로원(養老院)	노인들을 보호하여 돌보아 주는 곳 a home for the aged
들어서다	어떤 곳에 자리잡고 서다, 생기다 to come into being
고유(固有)	원래부터 지니고 있거나 그 일에만 특별히 있는 것 characteristics, peculiarity
미덕(美德)	아름다운 덕행 a virtue
경로사상(敬老思想)	노인을 공경하는 생각 an ideology that respects the aged (senior), filial piety
강아지	개의 새끼 a little dog, a puppy
쓸쓸하다	외롭고 적적하다 to be lonely
고작	가능한 전부, 많아야 (특별히 중요한 것이 아니라는 뜻을 나타낼 때 씀) at (the) most, at (the) best
품	두 팔을 벌려 안거나 안길 때의 가슴 the breast, the bosom
기르다	보살펴서 자라게 하다 to raise, to foster
효과(效果)	보람 있는 결과 effect, effectiveness
충성심(忠誠心)	몸을 바쳐 받드는 마음 loyalty, devotion
공경(恭敬)하다	몸가짐을 공손히 하고 존경하다 to respect
나아가다	앞으로 향해 가다 to go forward, to move on
인력(人力)	사람의 힘 human power
활용(活用)하다	능력이나 힘·물질을 잘 이용하다 to utilize, to apply
황혼기(黃昏期)	한창 때가 지나 종말에 이른 때 the twilight years of one's life
주위(周圍)	주변, 이웃 neighborhood
위(爲)하다	소중히 여겨 돌보거나 받들다 to respect, to esteem

중고차(中古車)	사용한 차 a used car
문의(問議)하다	물어보다 to inquire, to ask
셔틀버스	a shuttle bus
전시회(展示會)	an exhibition
의사소통(意思疏通)	생각이 서로 통함 communication

33과 시와 노래

CD 2 TRACK 30

(1) 저녁에

김 광 섭

저렇게 많은 별들 중에서
별 하나가 나를 내려다본다
이렇게 많은 사람 중에서
그 별 하나를 쳐다본다

밤이 깊을수록
별은 밝음 속에 사라지고,
나는 어둠 속에 사라진다

이렇게 정다운
너 하나 나 하나는
어디서 무엇이 되어
다시 만나랴

단어

정답다

(2) 서시

윤 동 주

죽는 날까지 하늘을 우러러
한 점 부끄럼이 없기를
잎새에 이는 바람에도
나는 괴로워했다
별을 노래하는 마음으로
모든 죽어 가는 것을 사랑해야지
그리고 나한테 주어진 길을
걸어가야겠다

오늘 밤에도 별이 바람에 스치운다

서시 | 우러르다 | 일다 (바람이)

(3) 아침 이슬

김 민 기

긴 밤 지새우고
풀잎마다 맺힌
진주보다 더 고운
아침 이슬처럼
내 맘의 설움이
알알이 맺힐 때
아침 동산에 올라
작은 미소를 배운다

태양은 묘지 위에 붉게 떠오르고
한낮의 찌는 더위는
나의 시련일지라

나 이제 가노라
저 거친 광야에
서러움 모두 버리고
나 이제 가노라

이슬	곱다	미소	찌다
지새우다	설움	태양	더위
맺히다	알알이	묘지	시련
진주	동산	떠오르다	광야

(4) 내 마음

김 동 명

내 마음은 호수요
그대 노 저어 오오
나는 그대의 흰 그림자를 안고
옥같이 그대 뱃전에 부서지리다

내 마음은 촛불이오
그대 저 문을 닫아 주오
나는 그대의 비단 옷자락에 떨며
고요히 최후의 한 방울도 남김 없이 타오리라

내 마음은 나그네요
그대 피리를 불어 주오
나는 달 아래 귀를 기울이며
호젓이 나의 밤을 새이오리다

내 마음은 낙엽이오
잠깐 그대의 뜰에 머무르게 하오
이제 바람이 일면 나는 또 나그네같이
외로이 그대를 떠나리다

호수	부서지다	최후	피리
젓다	촛불	방울	기울이다 (귀를)
그림자	비단	남김 없이	호젓이
옥	옷자락	타다	
뱃전	떨다	나그네	

새 단어

Vocabulary

정(情)답다	사이가 가깝고 다정하다 to be intimate, to be friendly
서시(序詩)	긴 시의 머리말 구실을 하는 시 a prologue
우러르다	얼굴을 위로 향하다 to look up, to turn one's face upwards
일다 (바람이)	위로 솟아오르거나 겉으로 부풀다 to rise
이슬	dew, dew drops
지새우다	뜬눈으로 자지 않고 밤을 지내다 to be up all night
맺히다	어떤 모양(특히 방울 모양)이 이루어지다 to be bedewed
진주(眞珠,珍珠)	a pearl
곱다	보기에 아름답다, 거칠지 않고 부드럽다 to be beautiful, to be lovely
설움	슬프게 느껴짐 grief, sorrow
알알이	한알 한알마다 every grain, grain by grain
동산	마을 근처의 작은 산 a small mountain, a hill
미소(微笑)	소리 내지 않고 빙긋이 웃는 웃음 a smile
태양(太陽)	해 the sun
묘지(墓地)	무덤이 있는 땅 a graveyard, a cemetery
떠오르다	해나 달이 뜨다 to rise
찌다	김을 쐬는 것처럼 몹시 더워지다 to be boiling hot, to be steamy hot
더위	더운 기운 the heat, hot weather
시련(試鍊)	겪기 어려운 단련이나 일 a trial, hardship
광야(曠野)	넓은 벌판 a wide plain
호수(湖水)	a lake
젓다	to row
그림자	a shadow
옥(玉)	a precious stone, jade
뱃전	배의 양쪽 가 the sides of a boat, gunwale
부서지다	깨어져 조각이 나다 to be smashed, to be broken
촛불	초의 불 candlelight
비단(緋緞)	silk
옷자락	the skirt, the train
떨다	to tremble
최후(最後)	맨 끝, 마지막 the last, the end
방울	구슬처럼 둥글게 맺힌 액체의 덩어리 a drop
남김 없이	모조리, 전부 without remains
타다	불이 붙어 불길이 오르다 to get burned

나그네	집을 떠나 여행 중이거나 객지에 머무르고 있는 사람 a traveler, a vagabond
피리	a pipe (a Korean musical instrument)
기울이다 (귀를)	정신을 가다듬어 잘 듣다 to give ear to what people tell one
호젓이	고요하고 쓸쓸히 lonely, calmly

34과 세대 차가 실감 나는구나

CD 2 TRACK 31

어머니 : 민수야, 좀 이른 감이 있기는 하지만, 이제 직장을 가졌으니 결혼을 생각할 때가 된 것 같다. 너도 결혼에 대해서 생각해 보았겠지?

민수 : 글쎄요. 아주 구체적으로는 생각해 보지 않았는데, 자기 일을 하면서 살림도 잘할 수 있는 사람과 결혼하면 좋겠어요.

어머니 : 그래? 난 네가 보수적이라서 집에서 살림을 잘하는 현모양처를 원할 줄 알았는데, 예상밖이로구나.

민수 : 아니에요. 저도 현모양처를 원해요.

단어

세대 차
실감(이) 나다
이르다
구체적
살림
보수적
현모양처

어머니 : 얘, 그 말은 좀 이상하다. 어떻게 자기 일도 잘하면서 현모양처가 될 수 있니? 지금이야 그렇게 생각할 수도 있겠지만 결혼하면 상황이 달라질 거야.

민수 : 그건 어머니 세대의 생각이에요, 어머니. 요즘 사람들 생각이 얼마나 달라졌는데요. 이젠 알뜰하게 살림만 잘하는 것이 현모양처가 아니라, 집안일은 그리 잘하지 못해도 경제적인 능력이 있으면 현모양처 소리를 들을 수 있대요.

어머니 : 무슨 소리니? 요새 여자들이 사회생활을 한다고 하면서 가정을 뒷전으로 하는 경우가 있다던데 그건 큰 잘못이야. 집에서 남편 내조 잘하고 아이들 교육을 제대로 시키는 게 바로 잘 사는 건데.

민수 : 요즘 여자들 중에 어머니같이 생각하는 사람이 몇이나 되겠어요? 제가 아는 여자들만 해도 거의 결혼 후에도 자기 일을 계속하기를 원하더라고요.

어머니 : 세상에. 같은 시대, 같은 곳에 살면서 생각이 이렇게 다르다니. 말로만 듣던 세대 차가 정말 실감 나는구나.

세대	★ 집사람	불경기	되돌아보다
내조	세일	경영	연령층

문법과 표현

Expressions

① A-(으)ㄴ 감이 있다

좀 늦은 감이 있지만 더 늦기 전에 지금이라도 고맙다는 전화를 해야겠어요.
그 사람을 그렇게까지 야단치다니 지나친 감이 있지 않아요?
이른 감이 있기는 해도 지금 여행 계획을 세우는 편이 나을 텐데요.

② N(이)야

하룻밤 새우는 것쯤이야 할 수 있지요.
돈이야 벌면 되지만 건강은 잃으면 다시 찾을 수 없어요.
단어야 외우면 알 수 있지만 발음은 노력해도 고치기 힘들어요.

③ N만 해도

어제만 해도 날씨가 좋았는데 오늘은 비가 오네요.
10년 전만 해도 자동차가 이렇게 많지 않았어요.
요즘은 취직하기가 어려워요. 내 친구들만 해도 반 정도밖에 직장을 못 얻었어요.

④ A/V-더라고(요)

이 집 냉면 맛있어요? - 네, 지난번에 먹어 봤는데 맛있더라고요.
아이가 벌써 한글을 읽을 줄 알아요? - 네, 책을 보면서 혼자 읽더라고요.
그 영화배우가 결혼한 걸 어떻게 알았어? - 신문에 났더라고.

Exercise

연습

① 본문을 잘 읽고 대답하세요.

1) 민수는 어떤 여자와 결혼하고 싶어합니까?
2) 전통적인 '현모양처'란 어떤 사람입니까?
3) 어머니는 기혼 여성의 사회 활동에 대해 어떤 생각을 가지고 계십니까?
4) 어머니는 민수에게서 어떤 점에 대하여 세대 차를 느낍니까?

② 보기에서 알맞은 단어를 골라 ______ 에 넣으세요.

구체적 　 내조 　 보수적 　 살림 　 시대 　 실감

1) 저의 성공은 우리 집사람의 ______ 덕분입니다.
2) 나이가 들면 그렇지 않던 사람도 ______인 성격으로 변하는 것 같아요.
3) 세일 기간인데도 백화점에 손님이 이렇게 없는 걸 보니 정말 불경기라는 게 ______ 나네요.
4) 이 문제에 대해 더 ______(으)로 알고 싶으시면 아래의 전화로 문의해 주시기 바랍니다.
5) 집안 ______하는 것도 이렇게 힘든데 나라 ______은/는 오죽하겠어요?
6) ______이/가 변하면 사람들의 생각도 바뀌는 게 당연한 거 아닌가요?

③ 보기에서 알맞은 문형을 골라 ______ 에 써넣으세요.

N(이)야	A/V-더라고(요)
N만 해도	A-(으)ㄴ 감이 있다

1) 지난주에 제주도에 갔다 왔는데 ______.
2) 요즘 컴퓨터를 잘 아는 사람들은 직장을 얻기가 쉬워요. 제가 아는 친구들 ______ 거의 다 취직했어요.
3) 조금 ______지만 생일을 축하한다.
4) 우리가 노력______ 하겠지만, 결과가 어떻게 될지는 알 수 없습니다.

CD 2 TRACK 32

4 **민수와 아버지의 대화입니다. 잘 듣고 아버지의 의견과 같으면 '아', 민수의 의견과 같으면 '민'이라고 쓰세요.**

1) 직장에서는 나이보다는 개인의 능력으로 승진하는 것이 옳다. (　　)
2) 사장이 되려면 경영 능력만 가지고는 충분하지 않다. (　　)
3) 그 회사에서 언제부터 일했느냐 하는 점은 별로 중요하지 않다. (　　)
4) 회사의 발전을 위하여 경력을 무시하면 안 된다. (　　)

5 **친구와 같이 이야기해 보세요.**

1) 여러분의 초등학교 때를 되돌아보세요. 지금 초등학생의 생활은 그때의 생활과 어떻게 달라졌습니까?

	내 초등학생 때의 생활	지금 초등학생의 생활
여가 시간에 하는 일		
용돈을 쓰는 곳		
인기 있는 직업		
좋아하는 음식		
받고 싶은 선물		
자주 하는 놀이		

2) 원래 '세대'란 약 30년을 한 단위로 하는 연령층을 말합니다. '세대'와 관련하여 '세대 차'란 말이 있는데, 요즘은 나이 차가 3년밖에 안 나는 사람에게서도 세대 차를 느끼는 경우가 있다고 합니다. 여러분이 언제 세대 차를 느꼈는지 각자의 경험에 대해서 이야기해 봅시다.

새 단어

Vocabulary

세대 차(世代差) 세대들 사이에 있는 감정과 생각의 차이 generation gap

실감(實感)(이) 나다 실제로 체험하는 듯한 느낌이 생기다 to feel physically, to feel actually

이르다 시간적으로 빠르다 to be early

구체적(具體的) 실제로 뚜렷한 모양을 가지고 있음 to be specific

살림 한 집안을 이루어 살아가는 일 a household, housekeeping

보수적(保守的) 오랜 습관이나 제도를 그대로 지킴 to be conservative

현모양처(賢母良妻) 자식에게는 어진 어머니이고 남편에게는 착한 아내 a wise mother and good wife

세대(世代) 30년을 한 단위로 하는 연령층, 같은 시대에 살면서 공통의 의식을 가지는 비슷한 연령층의 사람 전체 a generation

내조(內助) 내부에서 도움, 아내가 집안에서 남편을 돕는 일 one's wife's assistance

집사람 아내 a wife

세일 싼 값으로 팔기 a sale, a bargain sale

불경기(不景氣) 물건의 거래가 활발하지 않은 상태 (economic) depression, hard times

경영(經營) business administration

되돌아보다 지나간 일을 다시 생각하다 to think back, to look back upon the past

연령층(年齡層) 같은 나이 또는 비슷한 나이의 사람들 age group

35과 유럽에 배낭여행 갔다 왔다면서?

CD 2 TRACK 33

여행은 우리의 삶을 풍요롭게 해 준다. 여행은 우리에게 짧은 시간에 다양한 경험을 할 수 있게 해 준다. 다람쥐 쳇바퀴 돌 듯 틀에 박힌 생활에서 벗어나 평소에 경험할 수 없던 일들을 여행을 통해 경험하게 된다. 그뿐만 아니라 가까운 곳이나 먼 곳 어디를 가도 여러 가지 삶의 모습에서 비슷한 점들을 발견하게 되는 경우도 있다. 다시 말하면 여행을 하는 동안 다른 사람들에게서 우리 자신과의 공통점과 차이점을 발견하게 되며 이를 통하여 자기 자신을 되돌아볼 수 있게 된다. 이렇듯 여행은 우리의 삶을 여간 윤택하게 하는 것이 아니다. 다른 나라로 여행을 떠나거나 외국에서 생활을 해 보면 어떨까?

단어

풍요롭다	박히다 (틀에)	평소	윤택하다
쳇바퀴	벗어나다	여간	

영미 : 경수야, 지난번에 유럽에 배낭여행 갔다 왔다면서?

경수 : 응. 한 달쯤 유럽의 다섯 나라를 돌아다녔지.

영미 : 그래, 오랜 전통을 가진 나라들을 돌아본 소감이 어때?

경수 : 긴 역사와 전통에 어울리는 많은 물질적, 정신적 유산들을 접해 볼 수 있는 기회였어.

영미 : 뭐 재미있는 일은 없었어?

경수 : 없기는. 여러 나라에서 온 사람들과 얼마나 재미있었는데. 밤새 얘기도 하고, 서로 음식도 나누어 먹고.

영미 : 너 의사소통엔 지장 없었어?

경수 : 내가 그렇게 외국어에 능통하지는 않지만, 아무튼 말은 통했어.

영미 : 그런데 그쪽 대학생들은 고등학교만 졸업하면 부모로부터 완전히 독립한다던데, 정말 그래?

경수 : 나도 놀랐는데 학비는 물론이고 생활비까지 번대. 그래서 방학 때는 한 주에 50시간이나 일한 적도 있다던데.

영미 : 우리의 아르바이트는 용돈이나 버는 정도인데 거기 학생들은 대단하구나.

경수 : 그렇지? 거기 학생들 얘기를 듣고 느낀 점이 많았어. 정말 열심히 살더라.

소감	능통하다	꽤	수학여행	도보
물질적	통하다	물려주다	신혼여행	민박
유산		동해	무전여행	여관
접하다	★ 반복하다	목적지	패키지	여행지
지장	전공	수단	휴양	

문법과 표현

Expressions

① 다람쥐 쳇바퀴 돌 듯(이)

현대인은 다람쥐 쳇바퀴 돌 듯 날마다 같은 생활을 반복하죠.
저는 요즘 다람쥐 쳇바퀴 돌 듯 학교에서 집으로 왔다 갔다 하고 있어요.
이제는 다람쥐 쳇바퀴 돌 듯 틀에 박힌 생활에서 벗어나고 싶어요.

* 다람쥐 쳇바퀴 돌 듯 하는 일상생활에서 벗어나 멀리 여행을 떠나고 싶어요.

② 여간 A-(으)ㄴ N이/가 아니다

여러 사람들이 같이 생활하는 것은 여간 어려운 일이 아니에요.
김 선생님은 여간 훌륭한 분이 아닙니다.
거기서 저를 안내한 분은 여간 친절한 분이 아니었어요.

여간 A/V-지 않다

그 시험이 여간 어렵지 않았습니다.
처음 한국에 왔을 때 의사소통하는 것이 여간 힘들지 않았어요.
그 사람은 한국에 온 지 얼마 되지 않는데 한국말을 여간 잘하지 않아요.

③ A/V-기는(요)

영화 재미있었니? - 재미있기는. 너무 재미없어서 보다가 잤어.
내일은 날씨가 좋겠지요? - 좋기는요. 비가 많이 올 거라고 하던데요.

N은/는(요)

이거 새 옷이지요? - 새 옷은요. 언니가 입던 건데.
피아노가 전공이에요? - 전공은요. 취미로 하는 거예요.

④ N에 지장이 있다[없다, 많다]

학교생활에 지장이 없는 취미 활동을 하고 싶어요.
공부에 지장이 많으면 그만두겠어요.

V-는 데(에) 지장이 있다[없다, 많다]

학교 근처에서 건물을 짓고 있어서 소음 때문에 수업하는 데 지장이 있다.
컴퓨터가 고장 나면 일하는 데 지장이 많다.

⑤ N에 능통하다

그분은 외국어에 능통하기 때문에 쉽게 취직이 됐어요.
모든 분야에 능통하기는 참 어려운 일이지요.
요즘은 컴퓨터에 능통한 사람이 꽤 있는 것 같아요.

연습

Exercise

① 본문을 잘 읽고 대답하세요.

1) 변화가 없는 생활을 우리는 어떻게 표현합니까?
2) 여행은 우리 인간에게 어떤 일을 해 줍니까?
3) 경수는 어디로 여행을 갔다 왔습니까?
4) 그 여행은 경수에게 어떤 기회였습니까?
5) 경수가 만난 친구들과 경수의 생활은 어떤 점이 비슷하고 어떤 점이 다릅니까?

② 문장을 완성하세요.

1) 보기에서 알맞은 단어를 골라 .... 에 넣으세요.

공통점	소감	유산	의사소통	전통	차이점

① 외국 여행 중에 가장 큰 문제는 역시 .... 문제라고 생각해요.
② 각 나라의 생활 습관은 여러 가지 점에서 .... 와/과 .... 이/가 있지요.
③ 그 책을 읽고 느낀 .... 을/를 말해 보세요.
④ 그 나라에서 옛날부터 내려오는 .... 을/를 지키는 것은 어려운 일이에요.
⑤ 그 사람은 아버지가 돌아가실 때 물려주신 .... 이/가 굉장한가 봐요.

2) 보기에서 알맞은 단어를 골라 .... 에 맞게 고쳐 쓰세요.

능통하다	독립하다	접하다	틀에 박히다	풍요롭다

① 그 사람은 7개 국어에 .... 사람이에요.
② 그 사람은 경제적으로 모자람 없이 .... 생활을 하고 있어요.
③ 세계를 여행하면서 여러 나라의 문화를 .... 수 있어서 좋았어요.
④ 저는 언제나 똑같이 .... 생각을 하는 사람이 싫어요.
⑤ 취직을 하면 경제적으로 .... 수 있겠지요.

CD 2 TRACK 34

③ 올가와 민석이가 여행에 관해 이야기하고 있습니다. 잘 듣고 대답하세요.

1) 끝에서 민석이는 무엇이라고 대답했을까요?
① 비행기 표 예약은 전화로 하는 것이 좋아.
② 내 친구가 얼마 전에 동해로 여행을 다녀왔거든.
③ 그 정도면 됐고 이제 네가 뭘 하고 싶은지 계획을 세워 봐.

2) 올가는 수첩에 여행 계획을 썼습니다.

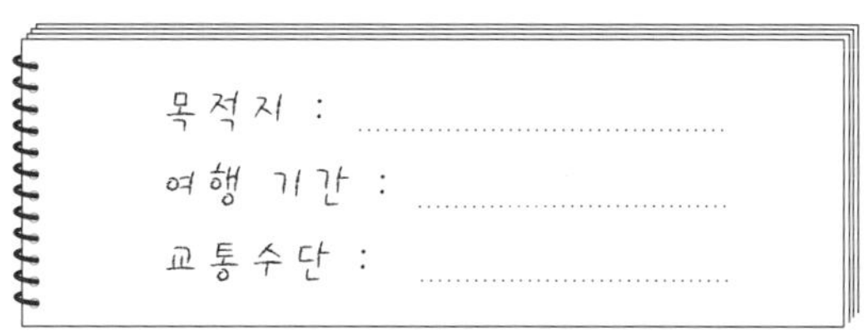

④ 친구와 같이 이야기해 봅시다.

1) 지금까지 갔던 여행 중에서 가장 기억에 남는 여행은 어떤 여행이었습니까? 가장 재미있었던 일, 가장 좋았던 일, 가장 불편했던 일, 가장 힘들었던 일 등 특별한 경험을 이야기해 보세요.
   ① 어디로 갔습니까?
   ② 누구와 갔습니까?
   ③ 왜 기억에 남는 여행입니까?

2) 이번 방학에 갈 수 있는 여행에 대하여 말해 보고 그 계획을 한번 세워 보세요.

여행의 종류	국내 여행, 국외 여행, 수학여행, 졸업 여행, 신혼여행, 무전여행, 배낭여행, 패키지 여행
여행의 목적	관광, 휴양
교통수단	비행기, 배, 버스, 차, 자전거, 도보
여행 경비	
숙 박	민박, 여관, 호텔, 텐트
기 간	
준비물	

3) 친구들이 여러분 나라에 여행을 간다면 어디가 좋을까요? 좋은 여행지를 소개해 보세요.

장 소	
가는 방법	
볼 만한 것	
먹을 만한 음식	

새 단어

Vocabulary

풍요(豊饒)롭다	매우 넉넉하다 to be abundant
쳇바퀴	the rim of a sieve
박히다 (틀에)	고정되다 to be fixed
벗어나다	부자유나 어려운 환경 등에서 나오다 to get out of, to free oneself of
평소(平素)	보통 때 usually, ordinarily
여간(如干) (-지 않다)	보통으로 ordinarily
윤택(潤澤)하다	물건이 풍부하다 to be abundant, to be ample
소감(所感)	느낀 생각 impressions, one's opinions
물질적(物質的)	정신보다 물질을 더 중요하게 생각하는 것 to be material, to be physical
유산(遺産)	죽은 사람이 남겨 놓은 재산 an inheritance, a heritage
접(接)하다	만나다 to face, to come in contact with
지장(支障)	일하는 데 방해가 되는 것 difficulty, obstacle
능통(能通)하다	어떤 일에 잘 통하다 to be proficient, to be expert
통(通)하다	말을 주고받아 서로의 뜻을 알다 to be understood
반복(反復)하다	같은 말이나 행동을 자꾸 하다 to repeat
전공(專攻)	전문적으로 연구하는 분야 a major, one's specialty
꽤	상당히 quite, fairly
물려주다	(재물이나 지위를) 자손이나 남에게 전하여 주다 to hand down
동해(東海)	the East sea
목적지(目的地)	목표로 삼는 곳 one's destination, one's journey's end
수단(手段)	방법 a means
수학여행(修學旅行)	a study tour, a trip for educational purposes
신혼여행(新婚旅行)	결혼식을 마치고 신혼부부가 함께 가는 여행 a honeymoon
무전여행(無錢旅行)	여행에 드는 비용을 가지지 않고 길을 떠나 얻어먹으면서 다니는 여행 a penniless journey
패키지	a package
휴양(休養)	피로를 풀거나 병을 치료하면서 편히 쉬는 것 rest, repose
도보(徒步)	걸어감 walking, going on foot
민박(民泊)	민가에 숙박하는 일 a home-stay
여관(旅館)	an inn
여행지(旅行地)	여행 가는 곳 the destination, the place of one's sojourn

찾아보기

Glossary

올림말의 오른쪽 ★는 그 단어가 본문의 단어가 아니고 보충 단어임을 나타내고,
숫자 30은 30과를 나타냄

ㄱ

ㄹ

ㅁ

ㅂ

ㅅ

ㅇ

ㅈ

ㅊ

ㅋ

ㅌ

ㅍ

ㅎ

듣기 지문

Transcript

1과 인류의 미래에 대해 생각해 본 적이 있어요?

5

동생 : 형, 미래에는 어떤 일이 일어날까? 그때도 학교에 다니고 시험도 보고 할까?

형 : 왜 그런 쓸데없는 생각하고 있어? 다음 주에 시험 보니까 공부하기 싫어서 그러지?

동생 : 아냐. 앞으로 20년쯤 뒤엔 지금하고 너무 달라질 것 같아서 그래. S.F. 영화에 나오는 게 다 현실이 되지 않을까?

형 : 하긴 그래. 컴퓨터 기술이 발전해서 집 안에서 모든 일을 다 할 수 있게 될 거야.

동생 : 그땐 아이도 엄마가 낳는 게 아니라 공장에서 만들어 내게 되는 거 아냐?

형 : 그건 너무 심하다, 야. 하지만 사람은 몰라도 로봇은 실용화될지도 몰라.

동생 : 아마 그땐 지금 청소기나 세탁기를 사듯이 청소하는 로봇, 빨래하는 로봇, 잔디 깎는 로봇이 집집마다 있게 될걸. 그런데 대신 공부해 주고 시험 봐 주는 로봇은 없을까?

엄마 : 얘들아, 너희들 그런 쓸데없는 소리하지 말고 …………………………………………….

2과 단군이 조선을 세웠어요

5

신화는 신의 이야기를 빌려 인간의 이야기를 하고 있습니다. 세계의 많은 나라들은 신화를 가지고 있습니다. 그 이야기는 하나하나마다 다 다르지만 대부분의 신화들이 신의 이야기 속에서 인간의 생활을 이야기하고 있다는 점에서는 같습니다.

단군 신화는 한국에 나라를 세웠다는 단군의 이야기입니다. 단군 신화를 보면 굴 속에 사는 곰과 호랑이의 이야기가 나옵니다. 그 이야기를 통해 사람들이 굴 속에서 생활했다는 사실과 곰과 호랑이를 믿던 사람들이 더 발전된 문화를 가진 사람들을 만나 새로운 생활을 시작하게 됐다는 사실을 추측해 볼 수 있습니다. 한국에는 이 외에도 많은 신화들이 있는데 대부분 나라를 새로 세운 것과 관계가 많습니다.

3과 우물 안의 개구리가 될 거예요

3

경찰 : 네, 관악경찰서 김준식 순경입니다.

이정숙 : 저, 우리 애가 없어졌어요.

경찰 : 네? 자세히 말씀해 보십시오. 아, 우선 주소하고 성함부터 말씀해 주십시오.

이정숙 : 네, 신림 9동 서울아파트 101동 1202호, 이정숙이에요. 우리 애는 김은아고요. 오늘 아침에 학교 가는 길에 없어졌나 봐요.

경찰 : 학교나 친구들 집에 다 연락해 보셨습니까?

이정숙 : 그럼요. 학교에 간 줄 알고 있었는데 선생님한테 전화가 왔어요. 은아가 어디 아프냐고요. 그래서 알게 된 거예요.

경찰 : 네, 따님에 대해 자세히 설명해 주십시오. 나이, 키, 아침에 입고 나간 옷, 이런 거 말이에요.

이정숙 : 나이는 9살이고 키는 125cm 정도 돼요. 빨간 스웨터에 까만색 치마를 입었고요. 까만 구두를 신고 갔어요. 머리는 양쪽으로 묶었고요.

경찰 : 혹시 생각나는 데 없으세요? 예를 들어 은아를 유괴해 갈 정도로 누군가에게 잘못한 적은 없나 하는 말이에요.

이정숙 : 유괴라구요? 우린 다른 사람에게 나쁜 짓

을 한 적이 없어요. 그 애는 누가 가자고 해도 잘 따라가는 애도 아니에요.

경찰 : 알았습니다. 찾아보고 다시 연락 드리겠습니다. 만일 24시간 안에 못 찾으면 경찰서에 와서 실종 신고서를 써 주셔야 합니다.

이정숙 : 못 찾으면 어떻게 하지요?

경찰 : 곧 찾을 수 있을 거예요. 혹시 연락 오면 경찰서로 바로 전화해 주십시오.

4과 비 올 확률이 높지 않아요

5

남편 : 여보, 나 회사 그만둬야겠어.

아내 : 왜요? 회사에서 무슨 일이 있었어요?

남편 : 나이가 들수록 젊은 친구들 머리는 못 따라가고 승진은 빨리빨리 안 되고. 10년째 과장 자리에 앉아 있으니 더 이상은 회사 다니기도 괴로워.

아내 : 그렇다고 나오면 어떡해요? 벌어 놓은 재산이라고는 이 집 한 채밖에 없는데. 갈수록 애들 교육비는 늘어나고…….

남편 : 이 집 팔아서 작은 사업을 해 보면 어떨까? 내 친구 용식이 알지? 걔는 회사 그만두고 집 판 돈으로 사업을 하나 시작했는데 아주 잘 된대. 집도 사고, 차도 큰 차로 바꿨던데. 괜찮은 모양이야.

아내 : 무슨 소리예요? 그게 아무나 되는 게 아니에요. 요즘 같은 불경기에는 사업이고 뭐고 안 될 확률이 더 높아요. 만약에 이 집마저 없어지면 어떡해요?

남편 : 그래도 더 늦기 전에 그만두는 게 나을 것 같아.

아내 : 좀 더 신중히 생각해 봐요. 무슨 일을 하면 성공할 확률이 높을지 말이에요.

5과 환경 문제에 관심이 많아요

4

지연 : 미치코 씨, 한국 요리에 대해 참 잘 아시나 봐요.

미치코 : 한국어를 배우다가 한국 요리에 대해서도 관심을 갖게 됐어요.

지연 : 한국 요리의 특징이 뭐라고 생각하세요?

미치코 : 양념이라고 생각해요. 한국 음식처럼 여러 가지 양념이 들어가는 음식도 없을 거예요. 제 친구들도 한국 음식을 한 번 먹어 보고는 모두 아주 맛있다고 하던데요.

지연 : 김치도 해 보셨어요?

미치코 : 네, 한국 친구 집에 가서 배우면서 직접 만들어 봤어요. 요즘은 김치를 사 먹는 사람들이 많다고 하던데 지연 씨 집에서도 김치를 사 드세요?

지연 : 제 남편은 집에서 직접 담근 김치만 좋아해서 김치를 하지 않으면 안 돼요. 김치만 있으면 밥 한 그릇을 금방 다 먹을 만큼 좋아하거든요.

미치코 : 아, 그렇군요. 저, 이건 제가 만든 과잔데, 집에 가지고 가서 남편하고 같이 드세요.

지연 : 뭘 이렇게 많이 주세요. 남편하고 같이 먹고도 남겠는걸요.

7과 선봤다는 소문을 들었어

5

다나카 : 미영아, 준석이가 결혼한다면서?

미영 : 그래? 난 전혀 못 들었는데. 준석이가 결혼한다니 설마 거짓말이겠지.

다나카 : 아니야, 믿을 만한 소식통에 의하면 다음 달에 행복예식장에서 한대.

미영 : 1) ....

다나카 : 어제 우연히 준석이 동생을 만났는데 걔가 그러더라.

미영 : 세상에, 언제는 지연이를 못 만나면 하루도

못 살겠다고 하더니, 지연이와 헤어진 지 얼마나 됐다고 벌써 결혼을 한대?

다나카 : 더 놀랄 일은 신붓감을 중매로 만난 데다가 만난 지 한 달 만에 결혼한다는 거야.

미영 : 2) ______________________________.

다나카 : 그건 여자도 마찬가지 아니니?

8과 한국말을 잘한다면서 칭찬해요

4

가 : 안녕하세요, 김 선생님. 일찍 오셨네요.

나 : 네, 안녕하세요?

가 : 그런데 손에 있는 그 볼펜은 뭐예요?

나 : 오늘 참 기가 막히는 일이 있었어요.

가 : 무슨 일인데요?

나 : 아침에 학교에 오는데 지하철역에서 어떤 젊은 여자 둘이 몇 가지 묻겠다면서 오더라고요.

가 : 그래서요?

나 : 그리고는 나를 위 아래로 보더니 종이 위에 직업은 '주부', 학력은 '고등학교 졸업'에 표시를 하는 거예요.

가 : 선생님께 물어보지도 않고요?

나 : 네. 그리고는 요즈음 문제가 되고 있는 서울공원에 대해서 들어 본 적이 있느냐면서 그걸 계속 짓는 것이 좋은지, 그만두는 것이 좋은지 이야기해 달라고 했어요.

가 : 그래서 뭐라고 하셨어요?

나 : 그래서 공원을 짓는 것이 좋겠다고 했더니 종이 위에 또 표시를 하더군요. 그러고 나서 수고했다면서 이 볼펜을 주더라고요.

가 : 정말 기분이 나쁘셨겠군요.

나 : 그런 걸 조사할 때는 직업이 뭐냐든지, 학교는 어디를 졸업했냐든지 하는 걸 물어봐야 하는 거 아니에요?

가 : 그렇죠. 이제 보니 그런 조사도 믿을 만한 게 못 되는군요.

9과 친한 친구도 가족처럼 생각해요

4

지연 : 준석아, 너는 여자가 담배 피우는 것에 대해서 어떻게 생각하니?

준석 : 글쎄, 요즈음은 여자들도 많이 피우지?

지연 : 어제 철수를 만나서 이야기하다가 내가 담배를 피웠거든. 그랬더니 철수가 나를 아주 이상한 여자로 여기는 거야.

준석 : 철수는 네가 담배 피우는 걸 몰랐나 보구나.

지연 : 그러면서 자기는 술은 괜찮지만 여자가 담배 피우는 건 안 된다고 생각한대.

준석 : 내 생각엔 여자, 남자의 차이가 아니라 담배는 그냥 몸에 안 좋으니까 피우지 않았으면 좋겠어.

지연 : 너처럼 그런 이유는 괜찮지만, 철수처럼 여자니까 안 된다는 사고방식은 버려야 해.

준석 : 그런데 지연아, 너는 왜 담배를 피우니?

지연 : 답답하거나 머리가 복잡할 때 피우면 마음이 편안해져서 피우기 시작했는데 이제는 습관이 돼 버렸어.

준석 : 너도 몸에 안 좋은 담배를 피우기보다는 운동 같은 다른 방법을 찾아보는 게 좋을 거야.

지연 : 잘 될지는 모르겠지만 노력해 볼게.

1) 철수는 여자가 담배 피우는 것을 어떻게 생각합니까?
   ① 다른 여자는 괜찮지만 지연이는 안 된다.
   ② 여자는 담배를 피우면 안 된다.
   ③ 술은 안 되지만 담배를 피우는 것은 괜찮다.

2) 지연이는 왜 담배를 피우기 시작했습니까?
   ① 마음이 편안해져서
   ② 너무 뚱뚱해서
   ③ 멋있어 보여서

3) 맞으면 O, 틀리면 X 하세요.
   ① 철수는 지연이가 담배를 피우는 줄 알고 있었다.
   ② 지연이도 담배가 몸에 안 좋다고 생각한다.

10과 백성들의 도움으로 살아나곤 했대요

4

여 환자 : 안녕하세요, 선생님.

의사 : 네, 안녕하세요? 어떻게 오셨어요?

여 환자 : 저는 6개월 전에 남편이 죽었는데, 그 후로 사는 것도 싫고 눈물만 나와요.

의사 : 네.

여 환자 : 먹는 것도 싫고 이번 달에 들어와서는 잠도 잘 못 자겠어요. 자다가도 자꾸 깨고, 특히 비 오는 날이면 더 힘들곤 해요.

의사 : 지금 혼자 사십니까?

여 환자 : 애들 아버지 죽고는 딸들이 와 있었는데 이제 모두 돌아갔어요.

의사 : 보통 그런 일을 당한 경우에는 대부분 적응하는 데 시간이 걸리고 힘들어하시는 경우가 많이 있어요.

여 환자 : 운전을 하다가도 갑자기 내가 운전을 한다는 걸 잊어버리고 아무 생각 없이 가다가 사고가 날 뻔한 적도 있어요.

의사 : 그럼 당분간 운전은 하지 마시고 뭔가 열중할 수 있는 다른 일을 찾으세요. 운동도 좋고, 또 외로우시면 개를 한 마리 키워 보는 것도 좋고요.

여 환자 : 그럴까요?

의사 : 그럼요. 그렇게 하시고도 힘들면 이 약을 드세요. 우리가 몸이 아플 때 약을 먹는 것처럼 마음이 아플 때도 약을 먹는 것이 좋아요. 안 먹고 참으려고 애쓰지 마시고 힘들 때마다 드세요. 많이 힘드시면 한 번에 두 알씩 드셔도 됩니다.

여 환자 : 네. 선생님과 이야기를 하니까 마음이 좀 편안해지네요.

의사 : 언제라도 힘들면 전화를 하시거나 찾아오세요.

여 환자 : 고맙습니다.

1) 이 여자는 왜 의사를 찾아왔습니까?
   ① 딸이 고통을 당해서
   ② 암에 걸려서
   ③ 남편이 죽은 후에 적응을 못해서

5

20세기에 들어와서 사람들은 여러 가지 질병으로 고통을 당하고 있으며 많은 사람들이 죽어 가고 있다. 의학이 발달한 덕분에 옛날에는 희망이 없었던 병들도 많이 고치고 있지만 아직도 암과 같은 병은 많은 사람들의 생명을 위협하고 있다.

세계적으로 많은 과학자들과 의사들이 암을 물리치기 위해서 연구에 열중하고 있지만 아직은 암 없는 사회의 꿈을 이루지 못하고 있다. 가까운 미래에 질병 없는 사회가 이루어져서 모든 사람들이 건강하고 평화로운 일생을 즐길 수 있기를 바란다.

1) 20세기에 들어와서 의학의 발달로 많은 병들이 고쳐지고 있다.
2) 과학자와 의사들이 연구에 열중하여 암 없는 사회의 꿈을 이루었다.

11과 지역에 따라 차이를 보였습니다

2

'휴가 갈 때 세 가지만 가져갈 수 있다면?' 이런 질문을 받으면 사람들은 무엇을 먼저 생각할까요? 서울의 한 백화점에서는 지난 6월 14일부터 17일까지 쇼핑을 하러 온 손님 524명을 대상으로 '휴가 계획'에 대해 이런 조사를 실시했습니다. 그것을 보면 남자는 66%가 '애인'이 가장 필요하다고 대답했습니다. 그러나 여자는 38%가 '세면도구'가 가장 필요하다고 대답하여, 서로 생각이 많이 다른 것을 보여 주었습니다. 또 여자는 두 번째로 필요한 것이 돈 36%, 그리고 세 번째는 휴대폰 34%라고 대답했습니다. 남자가 가장 중요하다고 생각한 '애인'에 대해 여자는 31%만이 필요하다고 대답한 것으로 나타났습니다.

그리고 '누구와 같이 갈 것인가?'라는 질문에 남자는 '애인'이 32%였으나, 여자는 첫 번째가 친구 45%, 두 번째가 가족 27%, 그리고 세 번째가 애인

10%라고 하여 남자와 많이 다른 것으로 나타났습니다.

12과 어떻게 생각하느냐에 따라 다르지

4

학생 : 여보세요, 신신백화점이죠? 아르바이트생을 구한다고 해서 전화 드렸는데요.

직원 : 네, 학생이신가요?

학생 : 네, 대학교 2학년이에요. 어떤 일을 하는 아르바이트예요?

직원 : 주차장 안내예요.

학생 : 한 시간에 얼마를 받을 수 있어요?

직원 : 언제 근무하느냐에 따라 달라요. 오전 10시부터 오후 4시까지는 1시간에 4,500원이고, 오후 4시부터 밤 10시까지는 1시간에 4,000원이에요. 낮에 일이 더 많거든요. 하루에 4시간 이상 일할 수 있어야 하는데…….

학생 : 네, 그건 가능해요. 그럼, 이따 오후에 직접 찾아뵙고 말씀드리겠습니다.

직원 : 그러세요.

학생 : 네, 감사합니다.

1) 이 백화점은 주차장에서 일할 사람을 구하고 있다.
2) 밤에 일하는 것보다 낮에 일하는 것이 돈을 더 많이 벌 수 있다.
3) 이 학생은 오후에 백화점으로 갈 것이다.
4) 이 학생은 하루에 4시간 이상 일할 수 없다.

5

1) 내 동생은 성격이 참 좋아요. 좋은 일이 있으나 없으나 항상 웃고 다닙니다. 그래서 보는 사람의 기분까지 좋아집니다. 그리고 언제나 재미있는 이야깃거리가 많기 때문에 걔가 가는 곳에는 웃음소리가 끊이지 않습니다. 항상 그렇게 즐겁게 살 수 있는 비결은 긍정적인 생활 태도인 것 같아요. 무슨 일이든 힘들거나 어렵다고 생각하지 않고, 밝은 쪽으로 생각합니다. 또 다른 사람이 즐거워하는 것을 보면 자기도 즐겁다고 합니다. 내 동생은 다음 달에 유학을 갑니다. 하지만 가족들은 전혀 걱정을 안 합니다. 걔는 어디에 가도 즐겁게 살 게 틀림없기 때문입니다.

2) 작년까지 나는 걱정거리가 많은 사람이었습니다. 시험 같은 중요한 일이 있으면 한 달쯤 전부터 불안해하곤 했습니다. 여행 가는 날 날씨가 나빠서 비행기가 떠나지 못하면 어떻게 하나, 이사 가는 날 비가 오면 어떻게 하나, 길을 걸어가는데 간판이 내 머리에 떨어지면 어떻게 하나 등 걱정이 끊이지 않았어요.
   그런데 어느 날, 내 이런 성격 때문에 주위 사람들이 나를 싫어한다는 것을 알게 되었습니다. 그래서 요즘은 걱정이 되기 시작하면 긍정적으로 생각하려고 노력하고 있습니다. 이렇게 하다 보니 마음도 가벼워지고 일의 결과도 좋아지더군요.

13과 아빠가 밥을 해 준다고 놀려요

4

아내 : 오늘도 많이 늦었네.

남편 : 응, 요즘 일이 점점 많아지고 있어. 당신은 몇 시에 퇴근했어?

아내 : 6시에 퇴근해서 곧장 집에 왔지, 뭐. 집에 오자마자 아침 먹은 것 치우고, 청소하고, 세탁기 돌리고, 저녁 준비하고……. 정말 너무 힘들어. 당신, 결혼하기 전에는 집안일을 도와주겠다고 약속했잖아?

남편 : 바빠서 그렇잖아, 미안해.

아내 : 당신은 모임도 많고, 늦게까지 일하는 날도 많아서 일주일 내내 늦게 들어오니까 집안 일은 모두 내가 맡아서 하는 셈이야.

남편 : 대신 이번 토요일에는 꼭 도와줄게.

아내 : 우리는 회사에 같이 들어갔지만 당신은 벌써 과장이 됐고, 난 승진할 기회도 없을 것 같아.

그냥 회사를 그만둘까?

남편 : 무슨 소리야? 모두들 좋은 직장을 가진 당신을 부러워하는데.

아내 : 요즈음 난 오히려 집에 있는 친구들이 부러워. 앞으로 아이가 생기면 정말 더 힘들 것 같아.

남편 : 아이가 생기면 또 좋은 방법을 찾아보지, 뭐. 내일부터는 정말 열심히 도와줄게.

1) 남편은 어떤 사람입니까?
① 집안일을 잘 도와준다.
② 집에 늦게 들어오는 날이 많다.
③ 승진이 안 된다.

2) 이 대화의 내용과 같은 것은 무엇입니까?
① 이들은 맞벌이 부부다.
② 이내는 곧 회사를 그만둘 것이다.
③ 사람들은 남편의 직업을 부러워한다.

14과 한국어 가르치는 데에 더 몰두하게 돼요

5

파리 사람들이 아침에 뭘 먹는지 궁금하시다고요? 비행기를 타고 직접 가 보시겠다고요? 그럴 필요가 없어요. 우리 곁에 '파리제과' 가 있으니까요.

6

안녕하십니까? '정오의 음악실' 김미정입니다. 우리가 하는 걱정 중에 40%는 현실에서 절대로 일어나지 않을 일이고요, 30%는 벌써 일어난 일이래요. 22%는 별로 중요하지 않은 일이고요, 4%는 아무리 걱정해도 우리 힘으로 도저히 해결할 수 없는 일이랍니다. 40, 30, 22, 4를 모두 더하면 96이지요? 우리가 하는 걱정 중에 96%는 걱정해도 소용없는 일이라는 거죠. 지금 걱정하고 계세요? 자, 기분 좋은 음악 들으시면서 걱정을 떨쳐 버리세요.

15과 약도 좋지만 쉬는 게 제일이야

7

안녕하십니까? '음악 광장' 의 박세진입니다. 오늘 하루, 어떻게 지내셨어요? 휴일을 보내는 데에는 두 가지 방법이 있는 것 같습니다.

그냥 하루 종일 집에서 푹 쉬는 것. 또는 뭔가 재미있는 일을 만들어 보는 것. 그런데, 이 두 방법 모두 오늘 같은 월요일에 피곤하기는 마찬가지인 것 같아요.

월요일을 힘들지 않게 만들려면 이런 방법은 어떨까요? 내가 아주 좋아하는 사람과 월요일 저녁에 만나기로 약속을 하는 겁니다. 그러면 그 월요일은 하루 종일 아주 기분이 좋을 거예요.

제가 지금 달력을 보니 다음 주 월요일이 11월 2일이네요. 11월의 첫 월요일, 기분 좋은 약속을 만들어 보는 것은 어떨까요?

16과 미리 연락을 하면 달려가 발이 되겠습니다

5

정구 : 지난 주말에 텔레비전에서 어떤 신체 장애인이 설악산 정상까지 혼자 힘으로 오르는 걸 보여 줬는데, 너도 혹시 봤니?

민지 : 응, 나도 봤어. 장애가 없는 보통 사람들도 정상에 오르기가 좀처럼 쉽지 않은데 얼마나 힘들었을까?

정구 : 설악산 정상에 도전한 그 용기와 끝까지 올라간 정신력이 놀랍기만 하더라.

민지 : 그걸 보면서 생각했는데, 자연의 장벽은 인간의 힘으로 어쩔 수 없는 것인데도 극복할 수 있다니 참 놀라운 일이야.

정구 : 그런데 오히려 지하철역의 많은 계단들 같은 생활 속의 작은 일들이 장애인들에게는 더 큰 장벽이 된대.

민지 : 맞아. 아무리 찾아도 보이지 않는 장애인 전용 주차장, 휠체어를 사용할 수 없는 건물 등 장애인들이 우리와 같이 생활하는 데 장애가

되는 것들은 수도 없이 많은 것 같아.

정구 : 그런 것들은 정부에서 관심을 두고 고쳐 나가야 하겠지. 지금 우리가 할 수 있는 일은 뭐가 있을까?

민지 : ....

17과 설날은 큰 명절 중의 하나예요

4

1) 섣달 그믐날 밤에 어머니들이 만드십니다.
   아이들은 이것을 받으려고 기다립니다.
   설날에 입는 옷입니다.

2) 설날 아침에 조상들께 드리는 인사입니다.
   음식을 차려 놓고 가족들이 같이 지냅니다.
   이것이 끝나고 아침 식사를 합니다.

3) 어른들께 세배를 드리고 받는 것입니다.
   아이들이 설날을 손꼽아 기다리는 이유 중의 하나입니다.
   어른들은 아이들이 기대하는 것을 알고 미리 준비합니다.

4) 세배 온 사람에게 해 주는 말입니다.
   새해에 좋은 일이 많이 있게 해 달라는 희망에 찬 말입니다.
   세배한 후에 듣습니다.

5

지연 : 바바라 씨, 한국에서 새해를 맞게 되었군요.

바바라 : 그래요. 한국에 온 지도 벌써 6개월이 넘었어요.

지연 : 그동안 한국에서 여러 가지를 많이 보고 배웠지요?

바바라 : 그럼요. 특히 이번에는 한국에서 큰 명절이라는 설날을 지연 씨 가족과 지내게 돼서 기대가 많이 돼요.

지연 : 저도 바바라 씨에게 우리나라의 명절 풍속을 보여 줄 수 있어서 정말 기뻐요.

바바라 : 책에서 보니까 설날에는 한복을 입고 어른들께 세배를 한다고 하던데 지연 씨가 세배하는 법을 좀 가르쳐 주세요.

지연 : 그래요. 그리고 바바라 씨는 여기 내 한복을 입으세요.

바바라 : 이거요? 정말 예쁘군요. 그런데 이건 뭐예요?

지연 : 버선이에요. 한복에는 버선을 신어야 어울려요. 내가 바바라 씨에게 주려고 미리 사 놓았어요.

바바라 : 고마워요. 참 예쁘네요.

18과 윷놀이는 아이나 어른 할 것 없이 다 좋아해요

4

한국에서는 옛날부터 주로 농사를 지어 왔기 때문에 가을에 추수를 하고 나면 길고 추운 겨울을 방에서 특별히 할 일도 없이 지내야 했습니다. 그래서 이때 즐길 수 있는 여러 가지 민속놀이가 만들어지게 됐다고 합니다. 특히 정월 초하루부터 정월 대보름에 걸쳐서 정월 놀이를 많이 즐겨 왔습니다.

정월 대보름 새벽에는 밤, 잣, 호두, 땅콩같이 껍데기가 딱딱한 것을 이로 깨물어 먹는 풍속이 있는데, 대보름에 까먹는 밤, 잣 같은 것을 가리켜서 '부럼'이라고 합니다. 대보름에 '부럼'을 까서 먹으면 일년 내내 피부에 문제가 없다고 믿은 데서 나온 풍속입니다.

정월 대보름은 새해 처음으로 보름달을 보는 날이며, 모두들 보름달을 구경하러 가서 달님에게 소원을 빕니다. 또 '답교놀이'라는 것도 있습니다. 달이 뜨면 사람들은 다리를 열두 번 지나다니는데, 이렇게 다리를 밟고 다니면 그 해에는 다리가 아프지 않고 지낼 수 있다고 믿습니다.

19과 마음만 먹으면 생명을 구할 수 있어요

4

안녕하십니까?

항상 어린이를 잊지 않고 유니세프를 후원해 주시는 여러분께 감사의 말씀 드립니다.

제가 유니세프의 친선 대사로서 활동한 지도 벌써 5년째입니다. 어느새 5년이란 세월이 흘러갔구나 하는 느낌 속에는 그동안 제가 만났던 많은 어린이들의 모습이 함께 담겨 있습니다. 굶주림으로 죽어가던 난민촌의 아이들, 다리를 잃고 구걸하던 불구 소년. 그러한 어린이들을 직접 만나고 온 후 유니세프의 도움으로 아이들의 상황이 좋아졌다는 소식을 들으면 몹시 기쁘고 보람되었던 기억이 납니다.

유니세프가 생긴 지 벌써 50여 년이 되었습니다.

유니세프는 2차 대전 직후인 1946년부터 전 세계 어린이의 행복을 위해 한결같이 일해 왔습니다. 지구에서는 해마다 1,300만 명의 어린 생명이 죽어가고 있습니다. 이들 중 대부분은 아주 적은 비용으로 살려 낼 수가 있습니다. 에티오피아에서만도 더러운 물과 예방 가능한 병으로 5세 미만의 어린이가 매년 35만 명이나 죽어 가고 있습니다.

고통을 당하고 있는 이 어린이들을 위해 사랑의 손길을 보내 주시지 않겠습니까? 여러분의 작은 사랑이 많은 어린이의 생명을 구할 수 있습니다. 어린이를 돕기로 결정하셨다면 지금 보내 주십시오.

20과 누가 한잔 사겠다고 안 하나?

5

1) 오늘 퇴근 후 6시부터 회사 앞 '미래호프'에서 맥주 파티가 있을 예정입니다. 이번 모임의 목적은 얼마 전 새로 들어온 신입 사원들을 환영하기 위한 것입니다. 모두 참석하셔서 즐거운 시간을 보내시기 바랍니다. 모두 모여서 주거니 받거니 하며 시간을 보내노라면 그동안 쌓인 피로를 말끔히 씻을 수 있을 겁니다. '미래호프' 전화번호는 880-5488이고 회비는 만 원입니다.

2) 오늘 저녁 7시에 지하철역 앞 '서울식당'에서 김 과장님의 송별회를 가지려고 합니다. 회사를 위해 15년 동안이나 일하셨던 김 과장님은 이번에 부산으로 이사를 가게 돼서 회사를 떠나시게 됐습니다. 그동안 남은 일 처리와 사무실 정리로 시간을 낼 수 없으셨는데 오늘 우리와 자리를 같이 하시게 됐습니다. 오늘 차를 가지고 오신 분들은 회사에 차를 두고 오시기 바랍니다. 편안한 마음으로 술자리를 같이 해 주시면 감사하겠습니다.

3) 영업부 직원 김영호 씨가 결혼한 지 5년 만에 기다리던 아이를 얻었다고 합니다. 게다가 아들 딸 쌍둥이를 얻어서 매일 함박웃음이 가득합니다. 그래서 김영호 씨가 오늘 한턱내기로 했습니다. 직원 여러분은 한 분도 빠짐없이 참석하셔서 득남과 득녀를 축하해 주십시오. 장소는 회사 앞 큰길 건너편에 있는 '외빈'입니다.

6

직장인들 가운데 많은 사람들이 1주일에 한 번 이상 술을 마시고, 마시게 되면 2차 이상까지 가는 것으로 조사됐습니다. 서울의 한 대기업 사원들을 대상으로 조사한 결과에 의하면 1주일에 한 번 술자리에 간다는 대답이 40%, 두 번 간다는 대답은 28%, 세 번은 20%로 나타났습니다. 네 번 이상 간다와 술자리에 안 간다는 기타 응답자가 12%였습니다.

술을 마시면 보통 몇 차까지 가느냐는 질문에 조사 대상자의 55%가 2차, 25%가 3차, 12%가 4차라고 대답했고, 1차가 8%로 나타났습니다. 누구와 같이 가느냐는 질문에는 직장 동료를 꼽은 응답자가 65%로 가장 많았고, 다음은 친구 23%, 가족 7%, 혼자 5%의 순서였습니다.

술을 마시는 이유로는 원만한 대인 관계를 위해서가 51%였고, 스트레스를 풀기 위해서가 25%, 술자리에 가는 것이 좋아서가 15%, 그리고 그냥 술이 좋아서 마신다는 대답은 9%였습니다.

21과 어느 쪽이든 일장일단이 있을 거야

5

1) 은주와 아버지의 대화입니다.

은주 : 아버지, 말씀드릴 게 있는데요.
아버지 : 그래, 무슨 얘기냐? 신랑감 얘기냐?
은주 : 아이, 아빠는. 사실 맞아요.
아버지 : 그래, 어떤 사람이냐? 네가 결혼하려는 사람이.
은주 : 아버지도 만나 보시면 좋아하실 거예요. 어떤 사람이냐면요, 무엇보다 절 사랑하고요, 함께 있으면 참 편해요.
아버지 : 은주야, 네가 선택한 사람이라면 아빠도 좋아할 거야. 단지 아빠가 바라는 건 우리 은주가 성실하고 믿음직한 사람을 만나서 행복하게 사는 걸 보는 거야. 요즘 어떤 젊은이들은 가족이나 일은 뒷전이고 자기들만 즐겁고 재미있으면 된다는 이기적인 사람들도 있어서 내가 걱정하는 거지.
은주 : 저도 아버지 마음 잘 알아요.
아버지 : 그리고 나이 차이는 4살 정도가 좋겠다고 생각하는데 몇 살이냐? 직업은 뭐고? 난 공무원이나 회사원 같은 안정적인 직업이 좋다만. 그래야 월 수입도 한…….
은주 : 제 얘기는 안 들으시고 아버지 말씀만 하시면 어떻게 해요?

2) 은주와 민석이의 대화입니다.

은주 : 민석 씨, 이번 일요일에 우리 집에 같이 가자.
민석 : 정말? 가도 되는 거야? 아버지께 말씀드렸어?
은주 : 응, 어제.
민석 : 아버지가 날 좋아하실까? 어떻게 하고 가야 되지?
은주 : 아버지는 짧은 머리에 깨끗한 옷차림을 좋아하셔. 그러니까 지금 그 머리는 곤란하겠고, 민석 씨는 성격이 자유로워서 항상 청바지 차림을 좋아하지만 우리 집에 올 때는 좀 다른 걸로 입는 게 좋겠어.
민석 : 야, 좀 걱정되는데.
은주 : 그리고 우리 아빠는 많은 사람들에게 친절한 사람을 좋아하시고, 술이나 담배는 적당히 한다면 괜찮다고 하셔.
민석 : 아 그래, 그 부분은 좀 괜찮네. 아 참, 내 직업이 요리사라고 하니까 뭐라고 하셔?
은주 : 응. 계속 아버지 생각만 말씀하셔서 자세히는 다 말씀 못 드렸어. 어쨌든 너무 걱정하지 마. 동생들이 내 편 들어 준다고 약속했어. 아버지도 민석 씨를 보시면 좋아하실 거야.

22과 하고 있는 일이 적성에 안 맞아?

4

회사를 옮긴 후 어떻게 자신의 삶이 바뀌었는지에 대해 사연 주실 분은 760의 1077이나 761의 1077로 지금 FAX를 보내 주시기 바랍니다. 네, 방금 도착한 관악구 봉천동의 김준석 씨의 사연입니다.

이번에 옮긴 회사는 지난번 회사에 비해서 월급은 적지만 여러 가지 근무 조건도 좋고 무엇보다도 회사의 분위기가 좋습니다. 사람 관계를 중요하게 여기는 저는 이곳에서 같이 일하는 사람들의 성격이나 태도가 마음에 듭니다. 모두들 가족처럼 대하고 서로 깊이 이해하려고 하는 것 같습니다. 어떻게 이런 분위기가 만들어졌는지 말씀드리고 싶어서 이 글을 씁니다. 우선 우리 회사 사장님의 생활 태도가 사원들이 일하는 분위기에 영향을 주고 있고, 사람들의 적성에 따라서 특별히 좋아하거나 잘하는 일을 선택해서 할 수 있도록 하는 겁니다. 그러니까 사원들은 아무 불만 없이 일에 몰두하고 있는 거지요. 일을 하면서 보람을 느끼고 즐겁게 생활하고 있으니까 사람들과의 관계도 원만해지는 것 같습니다. 직장을 자주 옮기는 것은 문제지만 자기 적성에 맞지 않는 일을 한다거나 인간관계가 편하지 않은 직장에서 마지못해 일하는 것은 더 문제라고 생각합니다. 오랜 시간 고민했는데 회사를 옮기기를 정말 잘했다고 생각합니다. 그래서 저와 같이 직장 옮기는 문제로 고민하시는 분께 희망을 드리고자 이렇게 사연을 보냅니다.

23과 인터넷은 정말 편리하구나

5

새봄을 맞아 저희 서울교육방송에서는 아래와 같이 프로그램을 개편하게 되었습니다. 정보화, 세계화되어 가는 시대에 맞춰 어린이부터 노인까지 배울 수 있는 컴퓨터 프로그램을 대폭 넣었습니다.

내년부터 영어를 공부하게 되는 초등학생을 대상으로 어린이가 스스로 컴퓨터를 통해서 영어를 배울 수 있도록 하는 '재미있는 영어나라'를 어린이 시청 시간인 5시부터 30분간 방송하겠습니다. 다양한 CD롬 교재를 통해 영어에 흥미를 가질 수 있도록 만들었습니다.

초등학생 시청 시간인 6시부터 '인터넷 시작하기'를 방송합니다. 그동안 어렵게만 느껴지던 인터넷을 우리 생활에 쉽게 잘 이용할 수 있도록 만든 '인터넷 시작하기'. 많은 시청 바랍니다.

홈뱅킹, 홈 쇼핑, 전자 우편, 동호회 코너, 평소에 관심은 있으나 어렵게만 느껴지던 PC통신. 이런 분들을 위해 'PC통신은 내 친구'를 9시부터 방송합니다. 어린이부터 노인에 이르기까지 누구나 배울 수 있습니다.

하루 15시간 이상을 인터넷에 빠져 실제 현실보다 가상 현실 속에서 보내는 시간이 더 많은 분이 있으십니까? 점점 말이 없어지고 하루라도 컴퓨터를 하지 않으면 불안한 느낌이 드십니까? 하루 10시간 이상 컴퓨터를 다룰 경우 중독증에 걸리게 될 가능성이 높습니다. 컴퓨터 중독증의 치료법과 예방법을 함께 찾아보는 '컴퓨터 의학 상식'이 여러분의 안방을 10시에 찾아갑니다.

여러분의 친구 서울교육방송이 새봄을 맞아 특별히 준비한 프로그램에 여러분의 많은 시청과 관심 바랍니다.

24과 아리랑 아리랑 아라리요

5

올가 : 오늘 학교에서 '아리랑'에 대해서 배웠는데, 민요가 어떻게 생기게 된 건지 아니?

준석 : 응, 일이나 놀이를 하면서 생겨났대. 논에서든지 밭에서든지 노래를 하면서 일을 하곤 했대.

올가 : 그래. 정말 그렇게 일하면 힘든 줄도 몰랐을 거야.

준석 : 또 그뿐만 아니라 추석 때 달맞이를 하면서 부르는 노래도 있고, 생활하면서 느끼는 감정을 표현하는 노래도 있어.

올가 : 민요는 정말 민중들이 스스로 만들어 낸 노래구나.

준석 : 그래서 민요를 민중 생활에 바탕을 둔 예술이라고 하는 거 아니겠어?

올가 : 한 사람이 노래말을 바꾸기도 하면서 이끌고 다른 사람들이 함께 따라 부르는 방식이 정말 흥이 저절로 나더라.

준석 : 그렇게 노래를 하는 동안 서로가 한 집단임을 확인하는 거지.

올가 : 그런데 요즘은 자주 불리지 않고 오히려 사라지는 것 같던데.

준석 : 일과 더불어 자연스럽게 불리는 것이 민요인데 그 여러 가지 일들이 필요하지 않게 되니까 사라지기에 이른 거 아닐까?

올가 : 그렇겠구나. 하여튼 전통적인 민중 예술이 사라져 가는 건 안타까운 일이야.

26과 희생을 무릅쓰고 지도를 완성했어요

5

영민 : 요코, 이따 저녁에 우리 집에 와서 저녁이나 같이 하지 않을래?

요코 : 그래, 좋아. 그런데 어떻게 찾아가면 될지 약도 좀 그려 줘.

영민 : 학교 뒤라서 찾기는 쉬워. 이렇게 와서 여기서 돌면 돼. 알겠지?

요코 : 아이고, 이렇게만 그리면 어떻게 찾아가니? 더 자세히 그려 줘야지.

영민 : 어휴, 난 더 잘 못 그리겠는데. 이러니 정말 김정호를 존경할 수밖에 없어.

요코 : 갑자기 김정호라니? 그 사람이 누군데?

영민 : 우리나라 지도를 제대로 지도답게 만든 사람인데, 그 옛날에 혼자서 50년 동안 만들었대. 그런데 놀라운 건 그때 만든 지도가 지금도 훌륭하다고 칭찬받는다는 거야.

요코 : 대단한 사람이구나. 그런데 김정호는 그 옛날에 어떻게 지도를 만들 생각을 했을까?

영민 : 어렸을 때 서당에서 공부를 하는데 어느 날 갑자기 소나기가 오다가 그치면서 무지개가 나타났대. 그걸 보고 산너머에 뭐가 있는지 궁금해지면서 지도의 필요성을 느낀 거지.

요코 : 그럼 그때까지 지도가 없었나?

영민 : 아니야. 지도가 있기는 했지만 실제와는 너무나 달라서 실망을 하고 직접 지도를 만들 결심을 했대.

요코 : 한 소년의 호기심으로부터 역사적인 지도가 만들어지게 된 셈이군. 참, 그건 그렇고 난 네가 그린 약도로는 오늘 안에 저녁 먹으러 못 가겠는데?

27과 말이야말로 그 사람의 인격을 말해 줍니다

3

준석 : 지연아, 너 그동안 운전 연습하러 학원에 다닌다고 하더니 운전 시험은 어떻게 됐니?

지연 : 무려 네 번이나 떨어지고 다섯 번째 가서야 겨우 붙었어.

준석 : 그래? 합격 축하한다. 그럼 요즈음 운전 연습하겠구나.

지연 : 응. 오빠 차로 하고 있는데 오빠가 옆에서 너무나 야단을 쳐서 화날 때가 많아.

준석 : 그래. 그렇기 때문에 운전 연습할 때는 자기하고 가까운 사람이 봐 주면 운전도 제대로 못하고, 또 잘못하다가는 싸움까지 하게 된다잖아.

지연 : 맞아. 넌 운전 잘해서 좋겠다. 난 언제쯤이나 너만큼 잘할 수 있게 될까?

준석 : 곧 잘하게 될 거야. 시내에도 나가 버릇해야 운전이 빨리 늘 텐데.

지연 : 응. 그렇지 않아도 지난번에 무작정 시내에 나가 봤는데 옆에 지나가는 차들이 막 끼어들어서 얼마나 당황스러웠는지 몰라.

준석 : 자동차에 '초보 운전'이라고 써 붙이지 않았어?

지연 : 물론 써 붙였지. 그런데도 누구 하나 양보해 주지 않잖아.

준석 : 사실 초보 아니었던 사람은 아무도 없는데 개구리 올챙이 적 생각 못하는 거지 뭐.

지연 : 난 나중에 운전 잘하게 돼도 그러지 말아야겠다고 생각했어.

28과 찬성하는 쪽이에요? 반대하는 쪽이에요?

3

아나운서 : 몇 년 전 우리 나라에 온 '뉴 키즈'라는 그룹 공연 때 사고가 났던 것 기억나시죠? 그 사고 이후로 외국 가수 공연에 대한 정부의 간섭이 있어 왔습니다. 요즘 들어 외국 스타들의 국내 공연이 많아지면서 이러한 정부의 간섭이 문제가 되고 있는데요. 이 문제에 대해 두 분의 의견을 들어 보겠습니다.

남자 : 제가 볼 때는 이제 우리나라의 예술, 문

화적인 활동이 좀 더 자유로워져야 한다고 생각합니다. 예술 활동에 대해서 정부가 지나치게 막다 보면 오히려 나쁜 결과가 나오는 수가 많으니까요.

여자 : 그 말에도 일리가 있지만 미국이나 유럽의 경우를 생각해 보세요. 청소년들이 범죄, 마약, 자살, 테러 등 무서운 사건의 대부분을 일으키고 있어요. 그것은 정부에서 모든 것을 풀어 놓았기 때문에 아직 판단을 정확하게 하지 못하는 어린 청소년들이 아무것도 모르고 그런 일을 따라하기 때문이에요.

남자 : 그렇지만 우리나라처럼 정부가 모든 문화적, 예술적 활동을 간섭한다면 예술적인 창의성이나 문화적인 발전은 기대하기 어려울 거예요. 요즘 외국 스타들이 국내 공연을 조용히 끝낼 수 있는 것은 바로 우리의 문화적인 발전을 보여 주는 예라고 생각합니다.

여자 : 아이가 어쩌다 한 번 잘 걸었다고 해서 아이를 자동차가 다니는 길에 그냥 보내도 좋다고 생각하십니까?

남자 : 그거하고는 다르죠.

아나운서 : 이 이야기는 밤새도록 해도 안 끝나겠는데요. 하여튼 두 분 선생님 말씀 모두 일리가 있으신 것 같습니다. 그리고 우리의 예술 활동을 어디까지 묶어 두어야 하고 어디까지 풀어 놓아야 할지는 앞으로도 계속 토론해 봐야 할 문제 같습니다.

29과 인연이 있으면 언젠가 또 만나게 되겠지

4

영미 : 아빠, 엄마랑 어떻게 만나셨어요?

아버지 : 아빠가 교통사고가 나서 병원에 입원을 했었는데 말이야, 그때 엄마가 그 병원의 간호사로 일하고 있었단다.

영미 : 그래서요?

아버지 : 그때 엄마는 대학을 막 졸업하고 병원에서 일하기 시작한 지 얼마 안 됐을 때였던 모양이야. 일이 서툴러서 실수를 꽤 하더구나.

어머니 : 당신도 참 별 얘기를 다 하시네요.

영미 : 엄마가 아빠를 보살펴 주셨어요?

아버지 : 응, 그래.

영미 : 처음 엄마를 만났을 때부터 관심이 있었어요?

아버지 : 글쎄, 그보다 그냥 실수하는 것이 좀 안돼 보이고, 환자들에게 친절하게 대하는 걸 보니 관심이 생겼지. 그런데 특히 나에게 잘해 주더라고.

어머니 : 내가 언제 당신한테만 친절했어요? 모든 환자에게 그랬죠.

영미 : 엄마는 아빠가 엄마한테 관심이 있다는 걸 알았어요?

어머니 : 아니, 나한테 관심이 있는지 없는지 몰랐지. 그런데 어느 날 시집을 한 권 주시더라고.

영미 : 와, 아빠가 시집을요?

어머니 : 그때 네 아빠가 시집을 안 줬더라면 지금 어떻게 됐을지는 아무도 모르지.

아버지 : 아니, 당신 정말 그랬어? 그 시집 때문에 나한테 관심을 가진 거야? 그 전부터 관심이 있었다더니 거짓말이었군?

어머니 : 내가 언제요? 당신이 그 뒤로 하도 적극적으로 나오니까 관심을 안 가질래야 안 가질 수 없었던 거죠.

영미 : 호호호, 그만 하세요. 이러다가 두 분 싸우시겠어요.

1) 아버지는 교통사고 덕분에 어머니를 만날 수 있었다.
2) 어머니는 친절한 간호사였다.
3) 아버지는 말이 별로 없는 분이다.
4) 아버지가 어머니에게 시집을 준 것은 놀라운 일이다.
5) 어머니는 처음부터 아버지가 자신에게 관심이 있다는 걸 알았다.

30과 서울은 한국 제일의 도시이다

3

서울은 옛 궁궐과 현대식 건물이 함께 어울려 있는 도시다. 서울이 크게 발전하기 시작한 것은 약 600년 전 조선이 이곳을 수도로 정한 후부터다. '서울특별시'란 이름을 얻은 것은 독립을 한 8·15 이후다. 6·25때 심하게 파괴되었으나, 60년대 경제 개발을 함에 따라 많이 발전하게 되었다.

서울은 인구 천만이 넘는 대도시다. 남한 인구의 약 4분의 1정도가 한 도시에 모여 산다. 인구와 자동차의 수가 많아짐에 따라 교통 사정은 점점 더 어려워지고 있다. 1974년 8월 15일에 처음 생긴 지하철은 서울 시민의 교통 문제를 해결하는 데 큰 도움을 주고 있지만 아직도 서울의 교통 문제는 심각하다. 공해 문제도 아주 심각하다.

이렇게 세계의 큰 도시가 가지고 있는 여러 문제를 서울도 가지고 있다.

31과 다이어트가 유행처럼 퍼지고 있어요

3

지연 : 바바라, 너 요즘 살 좀 찌지 않았니?
바바라 : 그동안 신경 쓸 일이 있어서 그 스트레스 푸느라고 막 먹었더니 이렇게 됐어.
지연 : 그럼 다이어트를 좀 해 보지 그래.
바바라 : 전에도 몇 번이나 해 봤는데 소용도 없던데, 뭐.
지연 : 다이어트를 어떻게 했는데?
바바라 : 사과 다이어트나 포도 다이어트 같은 것도 해 보고, 하루에 한 끼만 먹고 지내기까지 해 봤어.
지연 : 하루에 한 끼만 먹으면 살이 빠질 것 같지만 그건 안 좋은 방법이야. 같은 양이면 한 번에 다 먹는 것보다는 조금씩 여러 번에 나누어 먹는 게 더 좋아.
바바라 : 어머, 그러니?
지연 : 그리고 물도 충분히 마시고 말이야.
바바라 : 난 물을 많이 마시면 살이 찌는 것 같아서 잘 안 마시는데.
지연 : 아니야, 물을 많이 마신다고 해서 살이 찌는 건 아니야. 우리 몸의 70%가 물로 돼 있기 때문에 몸에 물이 부족하면 오히려 피곤해지기 쉬워.
바바라 : 어머, 그럼 내가 ______________.

1) ① 물과 다이어트는 관계가 많구나.
② 지금까지 해 왔던 다이어트 방법은 틀린 게 많았구나.
③ 과일을 많이 먹어도 물을 마셔야 하는구나.

2) ① 우리 몸의 절반은 물이다.
② 바바라는 요즘 체중이 늘었다.
③ 물을 너무 적게 마시면 피곤해지기 쉽다.

32과 애완동물이 자식보다 낫다

4

남자 : 안녕하세요? 몇 가지 문의하고 싶어서 전화했는데요.
간호사 : 네, 무엇을 도와드릴까요?
남자 : 저희 아버님이 지금 일흔세 살이신데요, 일년 전에 어머님이 돌아가시고 지금까지 혼자 살고 계세요. 저는 아직 결혼을 안 했고요. 사업 때문에 여행을 많이 해서 집에 있는 날이 일 년의 절반도 안 됩니다.
간호사 : 그러면 아드님은 아버님과 같이 안 계세요?
남자 : 네, 저는 아파트에서 혼자 살아요. 그래서 제가 아버지를 모셔 오면 아파트 생활이 저한테는 편한데 아버지는 좀 답답해하실 것 같아요. 낮에는 근처에 얘기할 사람들도 별로 없고 혼자 계시는 시간이 많을 테니까 걱정도 되고요.
간호사 : 네, 그러실 거예요. 우리 양로원에 아버님 같으신 분들이 많이 계시는데요, 자녀분들은 주말이나 휴일에 찾아오고 또 건강하신

노인들은 셔틀버스 타고 서울에 가끔 다녀오세요. 여기서 한 시간 정도면 서울에 도착하니까 먼 거리도 아니지요.

남자 : 거기에 어떤 시설이 돼 있나요? 병원도 가까운 데 있지요?

간호사 : 지하에는 수영장이 있고 노래방 시설도 돼 있어요. 1층에는 휴게실과 도서관이 있고요. 날씨 좋을 때는 밖에 나가서 산책하기 아주 좋아요. 가벼운 운동도 하실 수 있고요. 여러 가지 취미 생활에 마음을 붙이신 분들도 많아요. 얼마 전에는 할머니, 할아버지들이 찍으신 사진들을 모아 전시회도 했어요. 그리고 바로 옆에 큰 병원이 있어서 많이 아프신 분들은 거기로 모셔 가지요. 주말에 한번 와 보세요. 아버님도 같이요.

남자 : 잘 알겠습니다. 제가 시간을 내서 한번 찾아가 볼게요. 고맙습니다.

34과 세대 차가 실감 나는구나

4

아버지 : 얘, 민수야. 너 오늘 신문 읽어 봤니?

민수 : 아니요, 아직 안 읽었는데요. 회사 나가는 길에 읽으려고 하는데, 뭐 볼 만한 기사가 났나요?

아버지 : 그래. 한 청년이 회사에 들어간 지 10년도 채 안 돼서 부장이 됐다는 기사가 실렸더라. 내가 직장 다닐 땐 상상도 못했던 일인데 말이야.

민수 : 요즘엔 그런 일이 심심찮게 있는 것 같아요. 저희 회사도 사장님이 40대거든요. 그런데 처음 사장 발표가 났을 때는 회사 안에서 말이 많았대요.

아버지 : 그랬을 거다. 아무리 능력이 남보다 뛰어나다고 해도 젊은 나이에 큰 회사를 경영한다는 게 쉽지는 않을 거야.

민수 : 꼭 그렇지는 않은 것 같아요. 저는 회사에 들어간 지 얼마 안 돼서 잘 모르지만, 전에 비해 훨씬 효율적으로 회사가 운영되고 있다고들 하거든요. 그리고 사실 나이나 회사에 들어온 순서가 아니라 개인의 능력으로 평가 받아야 회사도 발전하게 되지요.

아버지 : 하긴 경영 능력도 웬만큼 있었으니까 사장이 됐겠지. 하지만 난 최고 경영자란 나이도 좀 들고, 경력도 좀 있어야 한다고 생각한다.

민수 : 아버지, 그건 옛말이에요. 요즘 젊은 사람들은 그렇게 생각하지 않아요.

35과 유럽에 배낭여행 갔다 왔다면서?

3

올가 : 민석아, 이번 휴가 때 여행을 떠나려고 하는데 어디가 좋을까?

민석 : 며칠이나 있을 예정인데? 휴가 중에도 회사에 나가야 된다고 했잖아?

올가 : 맞아. 그래도 주말 끼고 3박 4일 정도 갔다 와도 회사 일에 지장이 없을 거야.

민석 : 어디로 갈까 하고 생각해 놓은 데가 있어?

올가 : 그렇지는 않은데 평소에 바다 구경을 하고 싶었으니까 산보다는 바다로 갈까 해.

민석 : 그렇다면 동해로 가는 게 어때?

올가 : 그럴까? 서울에서 얼마나 걸리지?

민석 : 서울에서 동해 쪽은 자동차로 최소한 네 시간 이상 걸리니까 비행기로 갈 수도 있고 고속버스를 이용해도 괜찮겠다.

올가 : 시간을 절약하기 위해서 돈이 들더라도 비행기로 가는 것이 좋겠어.

민석 : 그럼 비행기 표를 예약해야지. 여행사에 전화 걸거나 아니면 직접 가서 예약하면 돼. 요즘은 전화 예약도 잘 되니까 그게 편하겠다.

올가 : 떠나기 전에 특별히 준비해야 될 게 있니?

민석 : 동해 바다뿐만 아니라 그 근처의 좋은 곳을 돌아보려면 안내 책자를 하나 사서 좀 알아보는 것도 좋겠지. 아니면 그곳에 여행 갔다 온 사람에게 정보를 얻는 것도 좋겠고.

올가 : 그 외에 또 뭐 알아야 할 거 있으면 다 알려 줘.

민석 : ………………………………………………………….